JN097941
アラームで
起床
体温を
入力して
iPadを
カバンに
入れて…
行って
きます！
ここを
タップして
上越の魅力を
インタビュー
してみました
Kahoot!で
文法を
確かめよう
1時間目
2時間目
3時間目
よーし
遠くへ投げる
ぞ～
お昼休み
給食
おいしい～
給食
4時間目
この方が
ノリがいい
リズムだ
Zoomで
学年学活
5時間目
6時間目
明日の予定を
アップしておこう
開脚前転
がんばるぞ！！
短学活
提出して…
録画して
フォームを
確認しよう
ただいま
充電をして…
おやすみなさい
さあ
課題のつづき
部活動

新しい時代に向けた教育を創造する挑戦

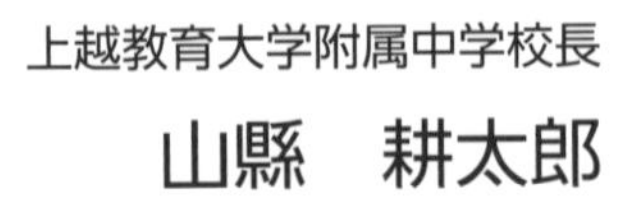

上越教育大学附属中学校長
山縣　耕太郎

インターネットや人工知能（AI）など、情報通信に関わる科学技術は、近年、急速に進化しつつあります。こうした科学技術の進歩は、人々の生活や社会、さらには世界を大きく変えていくものになるでしょう。政府は、IoT、ロボット、AI、ビッグデータといった新たな技術が産業や社会生活に取り入れられた社会をSociety 5.0と位置づけ、その実現を目指すことを宣言しています。一方で、こうした大きな変革が、実際に私たちの社会や生活にどのような変化を引き起こすのかについては、まだまだ予測困難な部分が多くあります。しかし、そうした変化を私たちは、手をこまねいて見ているわけにはいきません。将来の大きく変化した社会の中で生き抜き、活躍するための力を、子どもたちにつけるための手立てを今から講じなければならないからです。

Society 5.0を実現するためには、それを担う人々を育てる教育にも変革が求められます。次の世代の人たちが、最新テクノロジーを活用して社会をよりよくしていくためには、学校教育から見直していく必要があるからです。Society 5.0に向けての教育においては、文章や情報を正確に読み解き活用する力、科学的に思考・吟味し活用する力、価値を見つけ生み出す感性と力、好奇心・探究力が求められています。特に、情報活用能力が学習の基盤となる能力として重要視されるようになっています。

しかしながら、日本は情報技術先進国と言われながらも、情報リテラシーや情報技術を扱うことにおいて大きな格差が存在し、教育現場においても、必ずしもICTの活用が進んでいない状況があります。OECDの「生徒の学習到達度調査2018年調査」の「ICT活用調査」において、日本の学校の国語・数学・理科におけるデジタル機器の利用時間は、OECD加盟国の中で最下位となっています。

こうした状況を踏まえ政府は、2019年度補正予算において、全国一律で学校ICT環境の整備を加速させるため「GIGAスクール構想」を打ち出し、教育用端末における児童生徒一人1台環境を2023年度までに実現することや、学校における高速大容量のネットワーク環境の整備等が行われることになりました。

ちょうどそのような折、2020年1月から、日本でも新型コロナウイルスが感染拡大を始めました。そして2020年3月2日から、首相要請により全国すべての小中高等学校等が臨時休校を余儀なくされます。一斉休校の措置に対して、学校現場は大いに混乱しました。即座にリモート教育に対応できた学校は、必ずしも多くありませんでした。しかし、そのような中、本校は、「学びを止めるな」を合言葉に、休校期間中も全校生徒を対象に遠隔授業を実施することができました。このような対応が可能になったのは、2016年から生徒一人に1台の端末環境を実現していることとともに、これまでの長年にわたるICTを活用した教育への取組の成果によるものと考えています。

新型コロナウイルスの感染拡大に伴う休校措置は、本校にとっても大きな試練でした。しかし、それを教職員と生徒・保護者が、一致団結して乗り越えたことによって得るものも多くありました。困難な時期をともに乗り越えることによって、生徒・保護者との連帯感を高めることができました。また、遠隔授業でありながらも、学級全員の顔を見ながら担任が生徒とつながることによって、担任との心の交流を行うことができました。教師が作成した動画を視聴するなど個別学習を行う仕組みを提供することによって、学力保障と学習習慣の確立を行うことができました。さらには、生徒が自分の計画で探求学習にチャレンジすることによって自己教育力を磨くことができるようになりました。このように、新型コロナウイルス感染拡大の危機は、図らずして ICT 教育の有効性や可能性を改めて認識する機会となったのです。

新型コロナウイルス感染拡大に伴い、多くの学校が休校を余儀なくされました。そのような状況において、子どもたちの学びをどのように保障をするのかが議論されてきました。その中で ICT を活用した教育の必要性が改めて認識されています。これを受け、GIGA スクール構想による学校の ICT 環境整備が加速されることになりました。2022 年には一人 1 台端末環境が実現することになります。しかしながら、実際には一人 1 台端末環境が実現されたその先に、それを活用して、どのような教育をするのか、どのような生徒を育てるのかという大きな課題が存在します。

本校では、ICT を活用した生徒たちの資質・能力を育む教育課程研究に長年にわたって取り組んできました。新型コロナウイルスの感染拡大が起こる前の 2019 年度からは、3 カ年計画で「AI 時代を主体的・共創的に生き抜く生徒の育成〜自己調整、創造性、人間性に着目して〜」を研究主題として掲げ、研究を進めています。そこでは、学校の教育活動全般に iPad と最先端のテクノロジーを導入するとともに、「自己調整」「創造性」「人間性」に着目して学習過程を工夫することで、AI 時代に求められる資質・能力の育成を目指しています。こうした取組は、Society 5.0 において必要となる資質・能力を育成し、未来を切り拓く人材を育成することにつながると確信しています。

予測困難な未来に備える取組は、切実であり、困難なものであるかと思われます。一方で、未来を見据えた挑戦は、ワクワクする期待を伴うものでもあります。本書では、本校の新しい時代に向けた教育を創造する挑戦を紹介させていただきます。読者の皆様には、本書を通して、私たちの学校の子どもたちがタブレット端末を駆使し、生き生きと学んでいる姿をご覧いただきたいと思います。

CONTENTS

特別対談 【東北大学大学院 教授】堀田 龍也 × 【上越教育大学大学院 准教授】河野 麻沙美 × 【上越教育大学附属中学校 教諭】大崎 貢

[2021年10月26日　上越教育大学附属中学校にて]

一人1台端末が「学び」を変える

上越教育大学附属中学校が一人1台端末の環境になって10年。生徒が端末を使いたいときに使うからこそ身に付けた「情報活用能力」が、学びに生きる。

上越教育大学附属中学校
ICT活用教育担当
教諭　大崎 貢

東北大学大学院
情報科学研究科
教授　堀田 龍也氏

タブレット端末は文房具 家でも学校でもフル活用！

河野麻沙美　上越教育大学附属中学校では、子どもたちが端末を片手にどんな生活を送っているのですか？

大崎貢　生徒は端末を家から学校に持ってきているので、朝起きたときから端末を使える状態です。登校前には健康観察アプリに検温結果を入力したり、配信されている時間割をもう一度確認したりという様子が家で見られます。カバンに端末を入れて持ってくるので、壊れないように教科書やノートに挟んでくる生徒もいます。

学校に登校してからは、ほとんどの授業で端末を使っています。端末は文房具の一つというイメージです。鉛筆、消しゴムを使うように、写真を撮る、情報共有する、問題を解くといった使い方をしています。授業の合間に端末を開いて課題をやったり、前の時間の復習や振り返りをしたりして、授業の準備をする姿も見られます。ただし、休み時間は授業中ではないので、筆記用具をしまうのと同様に端末を机やカバンの中にしまいます。

授業以外でも、生徒会活動とか部活動でも当たり前のように端末を使っています。特に生徒会活動では大きな効果を実感しています。端末を使うと情報共有が簡単にでき、生徒を集める手間が省けます。そしてなんと言っても、年度を越えて先輩から後輩にクラウド上でデータが引き継がれていくので、効率よく作業ができます。紙のファイル（紙面）での引継ぎではできない大きな利点だと顧問の一人として実感しています。部活動も同様です。活動計画やおたよりが配信され、部活ノートのように日記を書いている部もあります。カメラを使ってフォームをチェックする姿もよく見られる光景です。学校生活のあらゆる場面で、非常に便利な使い方をしているという印象です。

堀田龍也　聞いてみたいことがたくさんありました。検温は今のご時世だから家で記録しているのですね。部活動では、何部が一番使っているのですか？

大崎　全国大会に毎年出場している陸上競技部や特設合唱部をはじめ、どの部も効果的に使っています。

堀田　それは、カメラで撮って、自分で見直すということですか。それとも何か連絡で使うのですか。

大崎　カメラアプリ、中でも録画機能が便利なようです。フォームを確認したり、演奏を録画したり。後は、Google Classroomを使った連絡はどの部もやっています。活動を記録した動画をGoogle Classroomにあげて、意見を言い合うこともやっています。

堀田　家庭学習はどのぐらいの割合を端末でやり、どれくらいの割合を紙で行っているのですか。

大崎　最近までは、基本的に家庭学習は紙でやるようにしていました。家庭のネットワーク環境が、100%ではなかったからです。しかし、多くの授業でどんどん端末を使いだすと、家でも作品を作ったり、まとめたりする必要が出てきて、生徒が自然と家で端末を使うようになってきました。そのため、最近では端末が必要な宿題がだんだん増えてきています。

休校期間のオンライン学習によって、ほとんどの家庭のネットワーク環境が整えられました。
（ネットワーク環境が整っていない生徒は、必要なデータをクラウドから端末にダウンロードして家で宿題を行い、学校に来てからクラウド上に提出しています。）

堀田　端末がきたからすぐに附属中学校のような姿になるわけではないですよね。この学校は何年前からやっているの？

上越教育大学大学院
学校教育研究科
准教授　河野 麻沙美氏

大崎　一人１台の端末としては、総務省「フューチャースクール推進事業」を受けた2011年から9年目になります。BYOD（Bring Your Own Device）に切り替わってからは5年です。

堀田　保護者負担にしてから5年。やっぱり家から持ってくるっていう考え方がいいよね。公立学校のGIGAスクール構想で入ってくるいろいろな端末は、いずれにしても学校に整備されるわけだよね。今の話を聞くと、授業中だけ使うようでは多分うまくいかなくて、それ以外の生活の場で使うことが、実は授業を良くすることに機能しているような印象を受けました。部活で使うというのは、やっぱり自分たちが上手になりたいとか、勝ちたいとかいうモチベーションの中で、だったらこれを使ってこういうふうにやろうよと工夫すると思うし、やはりチームで連絡し合うようなところに使われるのがすごく大事だと思う。あと学校の勉強と家庭での学習がうまくつながって、家庭でやったことが学校の授業のときに役に立つみたいなそういう往還がしっかりとできるから、授業がうまくいくっていう気がするんです。附属中学校のICT活用の取り組み方は、一人1台の端末を授業でどう使うかということをメインに置きつつも、実はそれがうまくいってる背景は、生活の中で子どもたちが日常的に使ってるっていうことにあるのだと感じました。

間違った使い方をしている そのときが絶好の指導機会！

河野　附属中学校は、先生と子どもたちがあらゆる場面で一緒に使いながら使い方を生み出してきたんでしょうね。タブレット端末を使うに当たって、ルール作りはあったのですか？

大崎　私が附属中学校に赴任する前の話ですが、やはりものすごく葛藤があったと聞いています。フューチャースクール（推進事業）時の学校貸与の端末から、「学習用iPad」と呼んだBYODの一人１台端末になり、生徒は家から端末を持ってきていました。授業では使うけれど、それ以外の時間は使わないというのが最初の理念、ポリシーであったように聞いています。ただ、実際に学校生活を考えたときに授業では使う、それ以外はしまっておくっていうのは、「筆記用具」と考えたときにそうはしないはずです。様々な場面で鉛筆で書いて、消しゴムで消すことがあるように、やはりこの端末も授業だけではなく、便利だから使えるところは使っていこうというようになってきました。状況に合わせて少しずつルールが緩和されてきたというか、必要に応じて変わってきたというところがあります。

堀田　最初の段階は、子どもたちも先生たちも慣れていないので、その段階でできることは非常に限定的だと思うし、その限定的な状況に合わせてルールが作られるというのは仕方がないことです。だけど、ルールで縛り続けると、おそらく望ましい活用には至らないまま、不便でみんなが使わなくなるだけだと思います。子どもたちに力がついてきたから解放するという、このあたりの見極めが当時どうやって行われたのか知りたいところです。家庭で買ってもよいくらい端末を学習で使っていたからこそ、保護者も賛同したのだと思うし、不適切なことが次々に起こっていたら、多分こうはならなかったはずです。ルールにうまく強弱つけながら、だんだん自由化していくプロセスが、おそらくこれから公立学校が歩んでいく道だと思うので、附属中学校に学ぶことは多いと思います。

堀田 龍也（ほりた たつや）
東北大学大学院情報科学研究科・教授、博士（工学）。現在、中央教育審議会委員などを兼任。
著書に『子どもも教師も元気になる「あたらしい学び」のつくりかた』などがある。
詳細はこちら。

河野　もちろん技術科の中に情報の単元がありますし、いわゆる情報モラルのこととか、付き合い方みたいなことの指導は今までもされているはずです。それに加えて、附属中学校では、継続的に使い方や決まり事やルールなどの見直しを図っているわけですよね。

堀田　例えば、きちんと引用せずに自分の考えのように、人のものを使う子とかはいたりしますか。

大崎　ネット上の画像を勝手に使う場面は結構見られました。考えをネットからコピー＆ペーストして自分の考えのように使うこともありました。しかし、それらは授業の中で指導する絶好のチャンスまたは機会だと捉えています。教師として、そういう感覚は常に磨くべきです。また、引用の仕方などは、１年生の早い段階で教えます。作品発表の場面では、生徒同士が、「その画像の使い方おかしくないか」とか、「データを持ってきているけど、きちんと引用を示した方がいいんじゃないか」といったように指摘します。さらに言うと、３年生から、２年生や１年生に指導できたらよいと思っています。そうなるように、前の学年の作った作品を見せたり、さらにその上の先輩が作った作品を見せたりするようにしています。

堀田　このことは、一種の社会性だから社会の中で育つんです。子どもたちが、自分がよかれと思って持ってきた写真を使って、それに対して周りが「それはこうした方がよいのではないか」と言い、「あー、そうだよな」となる。学校ではそういうことがしばしば起こります。これを指導機会と捉える。そうでなければ、先生がガチガチのルールを提示して、そのとおりやらなかったら取り締まる、または、決められたことしかできないようにフィルタリングをかけるというふうになるわけです。

　僕はそれを指導機会と捉えて、世の中のルールを子どもたちが自然に仲間関係の中で高め合い、チェックし合いながら身に付けていくのは非常に理想的なことだと思います。例えば「人のことを傷つけない言葉で話そうよ」みたいなことも、今までそうやって身に付けてきたはずです。そういう意味で、附属中学校は理想的なやり方をやっているように感じます。

河野 麻沙美
上越教育大学大学院学校教育研究科・准教授、博士（教育学）。
現在、文科省研究開発指定校評価委員等を兼任。
著書に『主体的・対話的で深い学びに導く 学習科学ガイドブック』などがある。
詳細はこちら。

河野　端末を使う際のルールが、仲間との関わり方と同じように学べる状況が、附属中学校ではつくり上げられています。先生が「それは駄目」「これやっちゃいけない」と言うのではなく、「それはね」と子ども同士が学び合う機会ができているのです。子ども同士が学び合う機会がないくらい取り締まるなど、いろいろと制限する形で端末が導入されたりしないか、少し心配です。

堀田　学校生活で友達といる中で端末を使えば、いろいろなことは起こるに決まっています。だから、そういう中で学んでほしいのです。大人がパソコンやスマホを使って生活し、仕事をしていることが普通であるように、子どもが端末などを道具として使うのはもはや当然のことなんです。これからの社会はより一層そうなっていきます。道具をうまく使えることが前提の能力が期待されているわけです。今まで先生は黒板とチョークで教え、子どもは紙の教科書とノートで学んできました。そこに、ICTが先生の教える道具として入り、次に子どもが学ぶ道具として入るのは、これは時代の流れです。附属中学校の先進的な取組は、公立学校の大きな参考になるはずです。

河野　GIGAスクール構想の推進に当たり、端末を先に揃えてきたという意味での先進的ではなく、教育としてあるべき姿をつくろうとしているという意味での先進性や、先導的な役割を附属中学校には担っていってほしいです。そのための探究を先生方は是非続けていってほしいと願います。

ICTで授業が変わる!?
変えなければならないこれからの授業

河野　次に、授業づくりがこういうふうに変わってきた、あるいは、こういうことができるようになったというような授業の具体的な内容に入っていきます。大崎先生の実践について、まず話してもらえますか。

大崎　授業は子どもたちが語り合う場面だと考えています。まず自分の考えをまとめ、それを発表する。その上で、自分と異なる価値観の人と話すことで、考えを広げ深める、あるいは自分の立ち位置をもう一度見直してみる。授業は、そういう場だと思っています。

　私の理科の授業では、「実験はこんな結果になりました」と発表する場面が必ずあります。そこでは、実験の様子が撮影されているととても便利です。生徒は自分たちで考えたポジションに端末をセットし、動画を記録しながら観察や実験に取り組むようになってきました。実験を記録した動画を示しながら説明することの価値が分かっているのだと思います。

　そうなると今度は、簡単に共有できたら便利だと感じるようになります。ここでは、クラウドサービスがとても有効です。これまでだと、教師が全員の考えや動画を確認し、それを教師がコントロールして発表させる…となりますよね。附属中学校ではそれを生徒に公開しています。そうすることで、生徒は自分が見たい人の意見を見るとか、「誰の意見を聞いてみたい？」という投げ掛けができたりするわけです。クラウドを使った共有は、他教科でも効果的に用いられています。

河野　附属中学校の授業を見ると、子どもたちが端末を使いこなしています。そうなると、もっと質を高めたいとか、いろいろな方法を使ってみたいとなるのは必然ですね。

堀田　端末があれば、子どもが自分だけで解決できることは結構あります。一人の中学生が自分だけで考えて分かるには、今までは手掛かりが少なかった。だから、先生に教えてもらわなければいけなかった。しかし、端末があれば、外のいろいろな情報にアクセスができるので、完璧にはならないとしても、何かそれらしいことを見つけ出して組み合わせ、「どうやらこういう感じみたい」というところまではもっていけます。様々な情報を探せるようになった人たちがわざわざ集まり、そこに指導者である先生がいて一緒にやる。これが授業だとすると、授業とはそもそも何かというところが、大きく揺さぶられてきます。

授業のやり方を変えずにICTを使おうとすると、結局これしかやってはいけないとか、今からこれをやるので後はしまいなさいみたいなことにならざるを得ない。

端末を子どもが持つ時代だからこそ、自分でいろいろな所にアクセスして様々な情報を見つけ、それを発表し合って、考えを比べ合っていくような授業にしていく必要があります。もちろん、自分の考えを可視化することは、そう簡単にはできません。けれども、写真ならこうできる、図解にすれば分かりやすくできるとか、みんなの考えが一覧で見られる、見たい人の考えを取り出して見られるなど、お互いの考えを共有しやすくしている部分も端末にはあるかなと考えます。

河野　一覧にするのは、普段の授業では難しかったですよね。例えば子どもの作文を黒板に貼っても、一つ一つは見えなかった。しかし、端末を使うことで見えるようになった。このことを考えると、やはり授業を変えないといけないと思います。

堀田　必然的に授業は変わっていかざるを得ないはずです。それが、GIGAスクール後の各学校が取り組むべき研究です。子どもが自分で調べられるようになるので、先生の役割は少し変わります。今までは情報提供者だったのが、情報は子どもが持ってくるので、先生はそれをうまく導いて、先生の発言で子どもがはっとするようなことに気付かせる。そういう役割が先生には必要になるはずです。先生が、より本質的な学びについて語れるようにならなければいけないと思います。

河野　学習者のできることが変わっていく中で、授業を変えていくためには、先生が役割を変える、先生自身が変わっていく必要があると思います。大崎先生の教職人生の中では、ずっとICTがあったわけではないですよね。授業づくりにおいて、ICTと関わったことで、自分の見方が変わったということはありますか。

大崎　授業中に分からないことが出てきても、検索したら駄目だという考えが少し前までありました。若い頃は、教科書の先のページを見ると、習うことが分かって授業が面白くなくなるから読むな、みたいな指導をしていたこともあります。

今考えると、先に教科書を渡しているのだから、理科が好きな子どもは読みますよね。先に読んで学んできてもよいわけで、そういう子どもにとっても面白い授業をつくらなければいけない！と次第に考えるようになってきました。そうなってくると、教科書以上にタイムリーな教材を使いたくなりますよね。当初は、私がWebページを検索して見せていました。けれど、これは子どもたちが自分で検索して調べたらもっと面白いだろうなと考えるようになり、今は検索して調べてはいけないという考えは間違っていると思っています。

堀田　これだけみんながいつでも検索する時代に、検索してはいけないというのは、どういう考えだったのだろうか。それは、先生が情報提供者だから、先生のペースでしか情報を見てはいけないというルールだったのだと思います。

今は主体的に学んでくださいと言っているのだから、どんどん情報を検索してきなさい、見てきなさいと言うべきです。そうやっていろいろな情報を見つけてきたぐらいでは、やはり子どもですので、本質は十分捉えきれないはずです。

それが教科の見方・考え方と言われるもので、知識は断片的には集められるけど、なぜそうなっているのだろうかというようなことは、授業中、子どもたちに議論させる中で、先生が時には語ってみせて、教えていくことだと思います。そういう授業をしなければいけない時代になっているのです。

みんなが集まることによってこそできる学びを提供するのが、これからの授業だと思います。それがなかったら、もうこれからは全ての授業がオンラインでよいのではないかとなる。学校とは何なのか、行かなきゃいけないものなのかというふうになる。それくらいの大きなことを突きつけられているのだと思います。さらに言うと、子どもたちは端末を持っていて、自分たちだけでできることがどんどん増えています。そして自ら調べることは、自立した学習を生涯続けていくために非常に大事なことであり、むしろ情報検索などをどんどんできるようにさせていかなければいけないのです。

「しては駄目だよ！」ではなくて、「どんどんしなさい！」と変えていかなければいけない時代なのです。

いい意味で
「突き放さないといけない」時代

河野　附属中学校では、「自己調整」が研究テーマの一つになっています。先生が情報を制限していくことは先生の教えやすさだけではなくて、学び手である子どもたちにとっても、言われたとおりに処理すればよいので、実は結構楽なのではないかと思います。自分で調べたら、情報がたくさん出てくる状況は、先生の指示どおりに情報を処理する以外にたくさんの力が必要です。自分で考えて、情報を処理していくための力を育てないと子どもたちは学べないということなのかと、堀田先生の話を聞きながら思いました。

堀田　インターネット上には適切ではない情報がたくさんあります。適切ではない情報がある中で、適切なものを見抜く、あるいは適切なものを使おうという姿勢がまずは大切です。少し検索するだけで1万とか出てきます。その中で自分がどれを使うかを自分で決めることが大事です。今は分かりやすく解説してある情報が欲しい、今は詳しく説明されている情報が欲しいなど、状況に応じて選び取るコンテンツは違ってきます。状況に応じて必要な情報がどれかを決める能力は、自分が今何を学ぼうとしているのか、何を必要としているのかが分かっていないと判断できないことです。これが自己調整の始まりです。

先生が言うとおりにやらせていた時代から、「それは君の仕事なんだよ」と言う時代になってきているのです。いい意味で「突き放さないといけない」時代。いい具合に突き放さないといけない、それが今の時代だと思います。

河野　自己調整の大切さを、教科を超えて附属中学校の先生が見いだしていったということは、すごく面白いと思います。一方で、教科固有の学び方もあるので、生徒が自己調整する姿、目指す姿を、異なる教科の先生同士がどのように実感してきたのかといった素朴な疑問もあります。コンピテンシー・ベースと言われながらも、教科という枠組みがある中で、どのように自己調整を捉えていけばいいのでしょうか。

堀田　中学校の先生は教科指導のエキスパートです。各教科の中でしっかりと子どもたちに、学力を身に付けさせようといろいろな工夫をしてきました。ただ残念ながらそれが、理科でやってることに数学や社会の先生が口を出しにくいという環境を作ってきました。専門性が違うから口を出しにくい。その専門性というのは教科の体系をよく知っているという話であって、子どもを育てるという観点で言えば、目指す生徒像があって、それに私の教科ではこういう役割を果たすというようになるべきです。そもそも免許が全部縦割りだから、他の教科には出ていかないということだったのだと思います。

幸い、附属中学校は、先生たちの仲がよく、議論する風土があり、各教科でやっていることを先生たちが知り合う、伝え合うことができています。これは公立学校がしっかりと真似しなければいけないことです。

今回の学習指導要領の作成過程でも、今のことは話題となりました。各教科では一生懸命やっているけれども、重なっていることや教え損なっていることはないのか。あるいは、世の中に出たら教科に分かれているわけではないという指摘がされました。

グローバル化が進み、先行き不透明な時代に生きる子どもが目の前にいるのです。そんな時代をしっかりと生き抜く強い学び手を育てていくためには、学んでいくことが自分にとってとても大切だという認識を子どもたちにもたせることが大事です。それは、先生が口で言ったくらいで身に付くものではありません。「学ぶことは楽しい」「学んでよかった」と子ども自身が思うような経験を連続的に与えていく必要があります。そうなると、これからの中学校は、各教科の先生が自分の専門領域からはみ出して、子どもの資質・能力に関わり合う学校でないといけないのです。そういう授業づくり、あるいは学校体制・指導体制、カリキュラム・マネジメントをどうするかということは、組織としての学校の大きな課題です。

子どもたちには、各教科のコンテンツの学びを通して、自分で問いを定められたか、調べたことを分かりやすくまとめることができたか、必要な情報を誤りなく判断できたかなど、コンピテンシーに当たることをリフレクションさせていかなければいけません。そうしないと、学び方が会得されないまま、コンテンツが切り売りされる今までの授業に戻ってしまうからです。だからこそ、自己調整学習が注目されるようになったのだと思います。

ICTによるリフレクションとフィードバックのメリット

河野　堀田先生からリフレクション（振り返り）の話が出ましたが、ICTを活用した振り返りや、どんなふうに生徒に振り返りをフィードバックしているのかをお話しください。

大崎　生徒が自己調整をする中で振り返りを書くだけでなく、次の目標を設定するところが非常に大事だと思います。紙のワークシートを使っていたときも、どんな学びがあったのか、どんなふうに考えたのかを常に書かせてきました。時間の確保が大変でしたが、紙のワークシートではコメントを毎時間返していました。

それが端末を使って、タイピングで入力するようになったら、どんなことを書くのだろうかと考え、この４年間でリフレクションはデジタルに移行していきました。最初はフィードバックする仕組みができていなかったため、紙のときにはコメントを返していたのにそれができなくなり、少し失敗だったかなという思いもありました。けれども、結局なぜコメントを返していたかというと、それは価値付けをすることだったので、毎回コメントを書かなくても、そこに価値付けできる仕組みをつくればよいと考えたのです。

今では、生徒が書く時間や場を設定することと、生徒が書いた振り返りに対して価値付けをして返すことを意識しています。

堀田　リフレクションがデジタルで貯まっていくことによって、毎時間の振り返りを子どもたちがさらに大きな視点で振り返ることができるのであれば、新しいICTの価値が出てくると思います。そして、それは結構センスのよい感じがします。なぜかというと、撮影したり、ロイロノート・スクールでつなげて残したりしているものは、後で全部見ることができ、そこでは自動的にリフレクションが起こり始めているわけです。それを言語で残すということの意味を考えてみると、「自分はあの頃こんなことしか書けなかったのか」とか、「あの頃からこう思っていたのか」など、過去の自分と比較し、今の成長を実感できることに、僕は価値があると思います。

もう一つは、振り返りで子どもたちが常に書いてくる言葉や、違う反応をする子どもが分かることで、授業の様子が捉えやすくなります。今後、それをどのように授業で活用したらよいかという研究が進んでいくはずです。

河野　ICTを活用することで、これまでの振り返りでは育てられなかった、場合によっては想像もできなかった部分を育てられるのかもしれないという期待があります。クラウドに蓄積されたリフレクションを使うことで、昔はできなかったフィードバックができるようになったのではないですか。

大崎　生徒が書いているリフレクションをモニタリングしていますが、確実に毎回のリフレクションがつながるようになってきています。毎時間のワークシートに振り返りを書かせていたときは、前時の振り返りを読んでから書くという生徒はほとんど見られず、今日の学びを振り返って書くだけでした。しかし、端末に振り返りを蓄積するようになってからは、前の時間に書いたことを確認しながら、今日の振り返りを書くことが簡単にできるようになりました。生徒は前の時間の振り返りを読み、今日の学習と照らし合わせながら、「前時からここまで進んだから、次はこうしていこう」「今日はこれができたから、こうしよう」といったコメントを書くようになりました。今回はここができなかったから、次回こんなやり方をしてみようとなるのが、自己調整だと思います。

堀田　振り返りの研究は非常に今日的です。振り返らなかったら、自分が向上することはないわけです。振り返りには、振り返ったことが「何が分かったか」という理科のコンテンツにつながる振り返りと、「自分が何ができるようになったか」というコンピテンシーにつながる振り返りがあります。コンテンツとコンピテンシーの二つの方向をきちんと担保した振り返りをさせているかどうか、あるいはそれを子どもが自覚して書くようになっているかどうか、ということが大切だと思います。理科としてどうかという話は、社会科になったら社会科としてどうかという話に変わっていきます。それが教科の見方や考え方につながっていくのだけれど、「自分が何ができるようになったか」というのは、教科に限らずにできるようにならないといけないことで、そこのカリキュラム化というのが、依然として課題です。

情報活用能力は
あらゆる教科で育てていくもの

堀田　話を少し変えて「情報活用能力」について話します。この本の実践例に、保健体育科体育分野「仲間とTRY！マット運動」の実践（p.66）があります。この実践で子どもたちは、カメラを使ってマット運動のコツをまとめていきます。そして、まとめたコツをMetaMoji ClassRoomに貼り、みんなで共有して、お互いに参照し合います。このコツは、もしかしたら次の学年の人も使えるかもしれません。これは体育という教科の特性に適した非常に素晴らしい実践です。

しかし、この体育の授業ではMetaMoji ClassRoomの使い方を教えているわけではありません。カメラを使って子どもがうまく撮れるのかという点でも、初めて撮ってもなかなかうまくいきません。試行錯誤してようやく上手に撮れるようになるのだと思います。また、箇条書きで書いた方がよいとか、ポイントを最初に示した方が相手に伝わるなどといったコツのまとめ方についても、体育以外の教科で経験して、体育でも経験するからできるのです。つまり、この実践を支えている学習の基盤となる資質・能力があり、それがあるからこそ、この体育の授業が成立しているのです。

学習の基盤となる資質・能力というのは、端末の操作ができるというだけではなく、カメラで適切に映像を撮ることができる、必要な場所をクリックできるなど、どのようにすれば分かりやすいコンテンツになるのかを知っていて、そのために端末を使いこなせるということです。同時に、自分の考えを相手に伝わりやすくするいろいろな方法についても、経験が蓄積されているのです。

今言った学習の基盤となる資質・能力は、全ての教科で役に立つし、全ての教科で指導する場面があるけれども、一つ一つの教科そのものではありません。そういう学習の基盤となる資質・能力があるから、このマット運動が素晴らしい授業として、しかも50分に収まる形でできるのです。

この本の第２章に載っている附属中学校の実践を読み、実践をやってみようと考えて、GIGAスクールで端末が来たばかりの学校の先生が授業をやっても、多分うまくいかないと思います。それは附属中学校が、端末を道具として生活の様々な場面で子どもたちに使わせて、学習の基盤となる資質・能力を耕してきたからこそできる実践だからです。この本では、そういう資質・能力、すなわち情報活用能力が基盤として機能すると、各教科の授業がこういう感じでできるようになりますよという例を示しているのです。

河野　情報活用能力は、どの教科で教えるかということを議論するのではないということですね。

堀田　そのとおりです。各教科の免許を持ったエキスパートの先生が、自分の教科から少しはみ出して、いろいろな人と連帯しなければいけないという話が、ここに関係しているのです。

河野　子どもたちに端末やツールを与えれば、それらをうまく活用できるというわけではありません。やはり、各教科で情報活用能力を育てていかなければいけないのです。端末に子どもたちのスキルが合わさってくると、附属中学校のような学びが生まれてくるのだと思います。附属中学校の子どもは、いろいろなツールを自由に選んで使い、子どもたちがいらないと思ったら使わない。これは、ものすごく自立した学習者の姿であると思います。

堀田　まさに自己調整ですね。

河野　附属中学校では、時々先生が驚くようなツールの使い方をします。けれども、子どもたちに先生がものすごく難しいことを駆使して端末を使っているという感じがありません。「この場面でこういう使い方をするのだ」というのを子どもたちが取捨選択し、自由に使えているというのが大きいのだと思います。先生方もそれで学んでいるのかもしれません。子どもたちが、状況に応じて自分たちで選択して、時々クリエイティビティ（創造性）を発揮して課題に取り組んでいるところは、やはり周りの学校に見せていくべき姿ですね。まさしくここに情報活用能力があります。

GIGAスクール構想に向けて

堀田　GIGAスクール構想というのは、子どもたちに端末を配ることを通して、これが学びの道具になる、これを使った学び方を身に付ける時代なんだというメッセージを送っているのです。未来を支える子どもたちに、この道具を使いこなすことも含めて、端末を使った学び方をたくさん経験してもらうために導入するわけです。先生が今までどおりにやるために導入するわけではないのです。先生たちが変わらなければいけないのです。それを時間をかけて既に具現化している学校の様子をこの本では掲載しているのです。

河野　附属中学校の先生たちを支えているICT支援員やネットワーク環境といったインフラについて、堀田先生のお話を聞かせていただけますか。

堀田　何か有事のときにはネットワークから情報を得るわけなので、ネットワーク環境がきちんとしてないといけません。これは基盤整備として非常に重要なことであり、教育委員会の大事な仕事だと思います。そうは言っても、発展していくICTの中で、その時々に入った機械では十分に対応できなくなるという問題は常に付きまといます。例えば、新しい端末が入れば、今までの端末と連動して動くためのいろいろな工夫が必要となってきます。それも教師の仕事なのかということです。

ある程度、先生も情報活用能力を身に付けてもらわないと困るけれど、本質的にそれは教師の専門性と同じではありません。やはり、それを支える人の存在というのはとても大事です。僕はICT支援員の役割はとても大きいと思います。

このことを軽視してると、結局、自分の専門性ではないところで先生たちに負荷、負担がかかるのです。これはあまりいいことではありません。附属中学校にはそこを上手にやってくれるICT支援員がいて、そのおかげで活用がうまくいっているのです。ICT支援員のスキルも積み重ねがあるので、ICT支援員の主な業務やどういうことを心掛けて先生たちを支えているのかといった「思い」を知ることも大事です。

また、私たち大人は既に一人1台どころか、一人3台といった端末を使っています。スマホを持って、ノートパソコンも持って、家にはiPadがあってといった感じです。今は、それらに同じメールアドレスや同じアカウントで入ると、同じ情報が見られたり、アクセスができたりします。つまり、何より重要なのは端末ではなくアカウントであり、クラウドにデータが保存されているということが重要なのです。

私たちはまだハードウェアにばかり目がいっているけれども、極端な話はハードウェアは何でもよいのです。持ち歩くなら軽いスマホ、まとまった仕事をするのならば少し大きいパソコンといった感じでよいと思います。この時、ある端末のOSはWindowsであり、ある端末はMacであるかもしれません。OSが違ったらもう使えないようでは、これからは困ります。新しい端末が出てきたら、それも使えるようになる。それが本質的な情報活用能力です。

ですから、学校で端末の使い方を教えるというのは初期段階の話であって、端末を子どもたちが本当に道具にしているのかをきちんと見ていくといったことが大事になります。そこをこれからしばらくはやらなければいけないと思います。

大崎　私自身、ICT支援員さんにいつも助けられています。教師や生徒が困ったときにすぐに駆けつけてくれるので、とても助かっています。一人1台の環境だからこそ、みんなが支援員さんを頼りにしているのです。GIGAスクール構想を迎えるに当たって、ICT支援員さんの力は必ず必要になってきます。子どもたちの学びのためには、なくてはならない存在です。

問い直されるときがやってくる

河野　最後に堀田先生、総括をお願いします。

堀田　中学校はこれからどうなっていくべきなのか、義務教育ではどこまで責任をもつべきなのかを問い直すときが来ると思います。それは保護者の理解がなければできません。

附属中学校はこれから多くの学校が歩んでいく道をもう既に何年も前から歩き始めていて、一つの姿として、社会に影響を与える形で存在しています。この本が出されることで、そのことが更に社会に知られるはずです。是非多くの視察を受け入れて、附属中学校の考えや実態を生で見てもらうとともに、生徒の声もどんどん発信してほしいと願います。

附属中学校を真似していろいろな学校が取り組み、成果を上げる頃には、小学校の授業の仕方も変わっています。例えば、小5、小6で英語を教科として学んだ子どもが中学校に来ます。プログラミングを経験した子どもが、「先生、それはプログラムでやればいいよ」と指摘する状況を迎えるのです。その時の中学校がどうあるべきかを先に考えておくのが、今、僕が附属中学校に一番期待することです。

大崎　あらゆることが授業の質を高めていくことにつながっていくことが今回の対談で分かりました。堀田先生、この書籍の読み方までご教示いただき、ありがとうございました。

本書で登場するアプリ一覧

「カメラ」
写真を撮る、ビデオを撮影する

「Safari」
Web サイトを閲覧する

「iMovie」
ビデオを編集する

「Clips」
ビデオを編集する

「Keynote」
プレゼンテーションを作成する

「Pages」
書類を作成する

「Numbers」
スプレッドシートを作成する

「GarageBand」
演奏する、作曲する

「ボイスメモ」
録音する

「写真」
写真を編集、整理、共有する

「マップ」
地図や現在地を表示する

「iTunes U」
授業で使用する資料を閲覧する

「スクールワーク」
課題を共有して進捗状況を表示する

「時計」
アラームやタイマーを設定する

「メモ」
何でもメモする

「ロイロノート・スクール」
カードで考えや情報を共有する

「MetaMoJi ClassRoom」
ノートで考えや情報を共有する

「LEBER」
毎朝の体温を入力して管理する

「Kahoot! Play & Create Quizzes」
選択式のクイズに挑戦する

「Zoom Cloud Meetings」
オンライン会議に参加する

「GeoGebra Classic」
関数のグラフや図形を表示する

「Autodesk SketchBook」
ペイントする、スケッチする

「Google Classroom」
連絡を投稿する、課題を提出する

「Google カレンダー」
スマートに予定を管理する

「Google Earth」
衛星画像や 3D の地形を閲覧する

「Google フォーム」
アンケートを作成、分析する

タブレット端末の活用というと、アプリの使い方そのものに注目されがちですが、当校では、一人１台タブレット端末と各教科等の「本質に迫る学び」とをつなぐ、「学習の基盤となる資質・能力」の育成に力を入れています。学習指導要領における言語能力、情報活用能力、課題発見・解決能力に加え、当校では、自己調整、創造性、人間性にも着目して教育活動を展開しています。

情報活用能力をみると、カメラ機能の使い方に関して、英語科の発音練習では自撮りするカメラの角度、保健体育科の実技では、縄跳びの技を披露して互いにコメントし合うために記録するカメラの位置、理科の実験では考察のときに根拠として活用するためにタイムラプスで撮影する…などの汎用的な使い方が育まれ、各自がそれぞれの教科に適した使い方ができるようになっています。

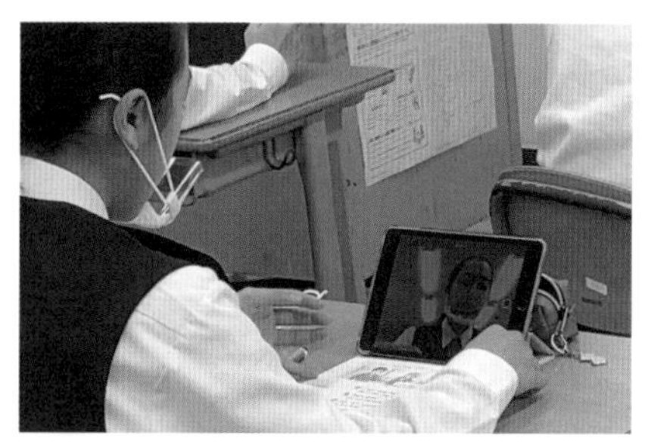
▲英語科：発音練習を自撮りする生徒

▲保健体育科：技を撮影する生徒

▲理科：実験手順を撮影する生徒

当校が大切にしている学習の基盤となる資質・能力

当校が現在、特に力を入れて育成を目指している学習の基盤となる資質・能力は、**(1) 情報活用能力**と **(2)学び方**の２つです。(1) 情報活用能力においては、**① ICT の基本的な操作スキル**と**②情報を収集して活用するスキル**に着目しています。(2) 学び方においては、**①自己調整学習のスキル**と**②協調的に学習するスキル**に着目しています。以下のように、教育課程全体を通して育成する能力として位置付けています。

学習の基盤となる資質・能力	着目するスキル	スキルの具体
(1) 情報活用能力	① ICT の基本的な操作スキル	・目的に応じてソフトウェア、クラウドサービスなどを選択し、適切に利用することができる
	②情報を収集して活用するスキル	・的確に情報を取捨選択し、相手のニーズに配慮して加工や処理を行い、効果的に情報を発信することができる
(2) 学び方	①自己調整学習のスキル	・学び続ける意欲をもち、見通しをもって粘り強くやり抜こうとすることができる
	②協調的に学習するスキル	・多様な他者と協働して、よりよい発想や活動を創り上げようとすることができる

次ページでは、当校が作成した「学習の基盤となる資質・能力育成ロードマップ」の一部を紹介します。

上教大附属中式「学習の基盤となる資質・能力育成ロードマップ」

学習の基盤となる資質・能力	着目するスキル	中学１年生では… 基本的なスキルを習得する
(1) 情報活用能力	① ICT の基本的な操作スキル **例えば、「写真を撮る」の場合…**	【カメラ】 観察したものや新しく発見したこと等を保存して共有できるよう、写真を撮る  
	②情報を収集して活用するスキル **例えば、「プレゼンを行う」の場合…**	【Keynote】 考えを整理し、分かりやすく説明できるよう、プレゼンテーションを作成する  
(2) 学び方	①自己調整学習のスキル **例えば、「目標設定する」の場合…**	【Google Classroom】 各自が具体的な目標を設定できるよう、提示されているルーブリックを確認する 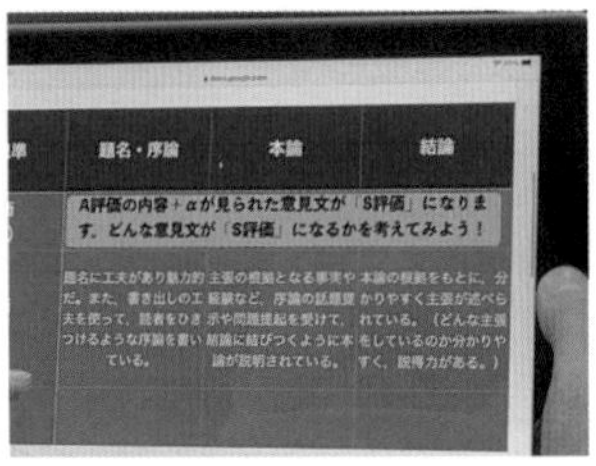 
	②協調的に学習するスキル **例えば、「考えを共有する」の場合…**	【カメラ】 ホワイトボードを活用した話し合いの結果を保存できるよう、カメラで撮影する  

※本ロードマップで紹介しているアプリは、一例です。中学1年生から3年生まで一元的に進んでいくのではなく、実際には、相互に関連したり往還したりしながら育成・発揮されていくと捉えています。

中学２年生では…
スキルを様々な場面で活用する

【写真】
撮影した対象物の価値や意味を伝えることができるよう、トリミングする

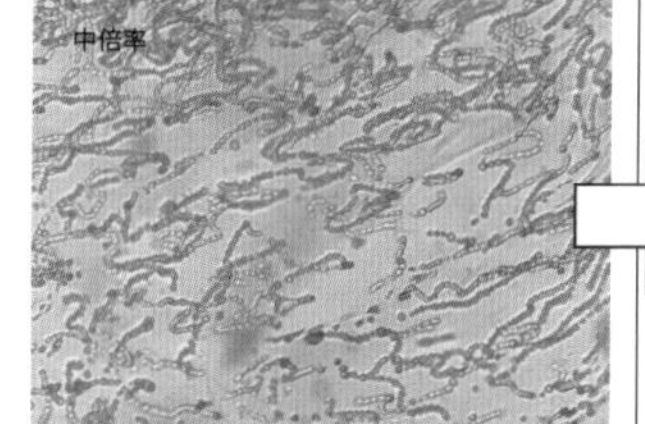

【GarageBand】
より分かりやすい説明ができるよう、意味のあるBGMや解説音声を付ける

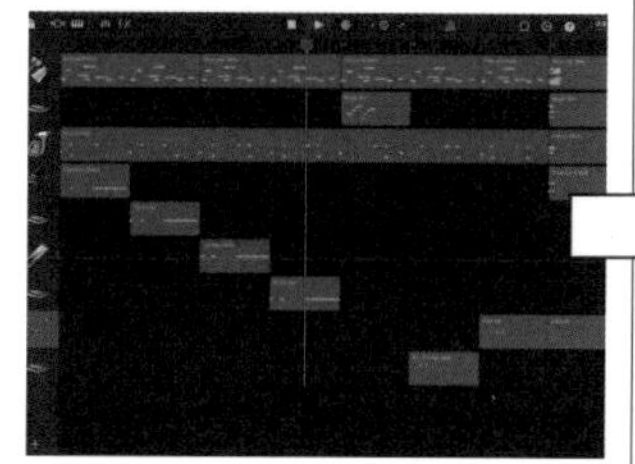

【スクールワーク】
現状を振り返りながら目標設定できるよう、課題達成状況を適宜確認する

【ロイロノート・スクール】
チーム内で即時的に共有できるよう、クラウド上に提出して、閲覧し合う

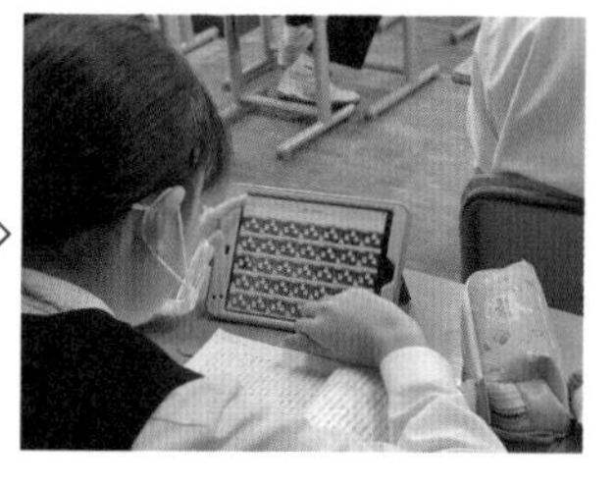

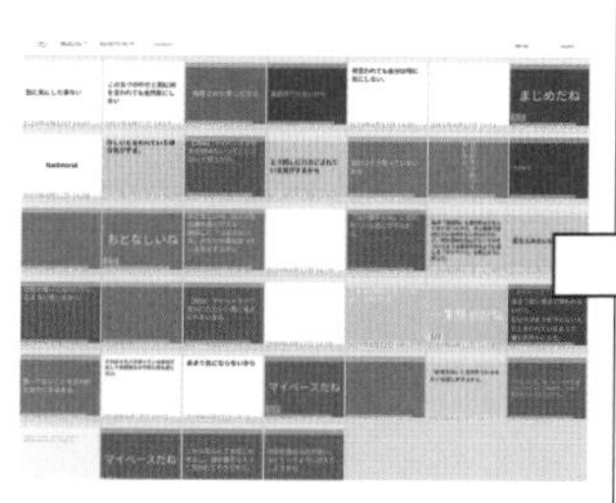

中学３年生では…
スキルを組み合わせて探究する

【Clips】
対象物の価値を更に探究できるよう、写真を集めてClipsで動画を作成する

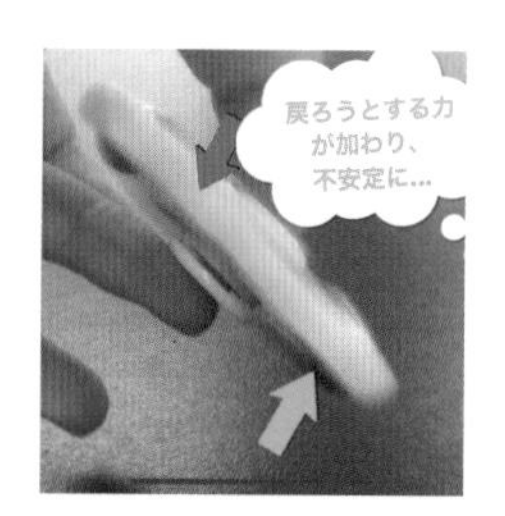

【Google フォーム】
プレゼンの質を向上できるよう、聴衆の意見をGoogle フォームで集約する

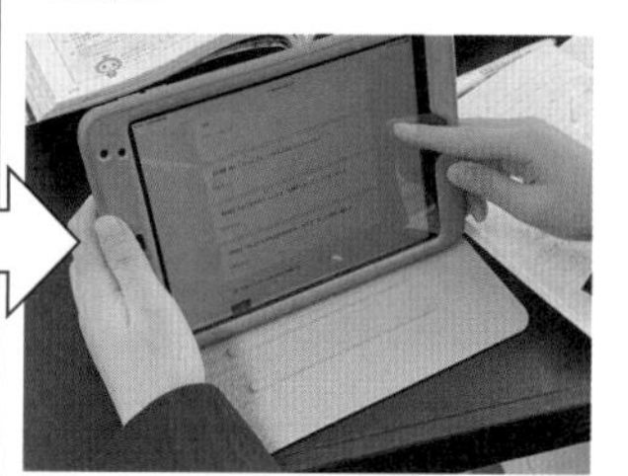

【Google カレンダー】
成果を生かした目標設定ができるよう、長期的に自分の予定表を管理・調整する

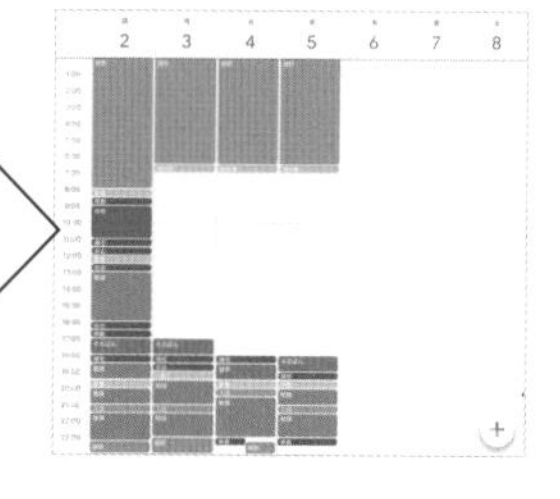

【Zoom Cloud Meetings】
多様な他者と価値観を共有することができるよう、他校の学生等と交流する

コラム Vol.1　presented by vice-principal

端末は保護者のもの

学校へのＩＣＴ機器の導入に対して不安を感じる保護者や多忙感を抱く先生方も少なくありません。

そこで、当校は次の取組を通して iPad が学校に根付くようにしています。

「端末は、保護者のもの」という考え方が基本です。入学前の保護者説明会では、端末の基本的な設定（指紋認証、メールや iTunes U の開設、パスコード設定）などを保護者が行う場を設定しています。

導入当時、保護者や教職員からは、「生徒が毎日当たり前のように端末を使っていると、自分の持ち物のような錯覚が生じてきて、生徒が自分勝手にカスタマイズしたり、アプリをインストールしたりするのではないか、それがもとで様々なトラブルが引き起こされるのではないか」、という心配の声が上がりました。

そこで、私たちは学級、学年、学校からのおたよりなどを保護者に向けて端末に配信することにしたのです。配信は毎週金曜日を基本とし、毎月第１・３金曜日は「学校だより」、第２・４金曜日は「学年だより」を配信します。これにより、週末には確実に端末が持ち主である保護者の手に返るのです。

また、ＳＮＳやネットによるトラブルは、いじめや犯罪被害につながる深刻な問題です。当校は、独自のガイドラインを設け、端末の使用方法からルールやマナーを網羅する指導を定期的に行っています。一方、当校はＰＴＡの専門委員会に「教養ＩＣＴ委員会」を位置付け、先述の入学前の保護者説明会や啓発活動として研修会を年数回行っています。

このような取組を通して、ＩＣＴ機器の導入に対する不安が軽減され、よさが目立ってくるようになります。今後も、学校との安全・安心な連携ツール、職員にとっては働き方改革を後押しするツールとして、iPad が「文房具」として学校に根付くように推進していきます。

4月の
iPad 説明会の
様子

Chapter 1

タブレット端末のある生活

～情報活用能力を育む日常～

タブレット端末のある生活
～情報活用能力を育む日常～

1日のスタートは健康観察から！今日の時間割、日程を確認

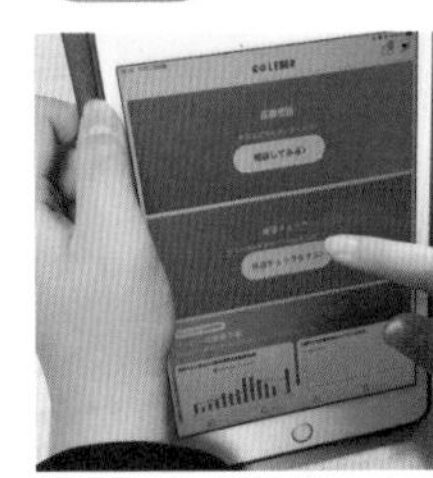

▲ LEBER への入力は朝の日課

生徒の１日は、検温から始まります。体温を計測したら、健康観察アプリ「LEBER」に体温と健康状態の両方を入力します。LEBER は、これまでの体温の推移を確認できるようにもなっています。生徒が入力した情報は、養護教諭や学級担任など、管理者 ID を登録した教師が見ることができます。そのため、教師は生徒が登校する前に生徒の健康状態を把握できます。

このように、家庭で iPad に入力した情報を教師と共有し、学校にいるときと同じように家庭で iPad を使用できるのも、ほぼ全ての家庭に Wi-Fi 環境が整っているからです。保護者の理解と協力があって実現している環境です。

 朝一番は、健康観察アプリ「LEBER」の入力から

 家庭の Wi-Fi 環境が整うことで、学校にいるときと同じように iPad が使える

▲時間割も iPad で確認できる。

その後は、新たな連絡が Google Classroom（→ p.32 参照）にアップされていないかを確認したり、学校のポータルサイトにアップされている時間割を見たりしながら、登校の準備を進めます。

 Google Classroom やポータルサイトの掲示板で日程や連絡を再確認

登校

授業前

教科書と、筆箱入れて、タブレット端末も…用意ができたら学校へ

iPad を充電器から外したら、カバンの中へ入れて登校です。カバンを落とすなどして iPad が損傷しないよう、iPad をポーチに入れたりカバンの PC スリーブのスペースに入れたりします。PC スリーブがない生徒は、教科書の間に挟むなどして、カバンの中で iPad が動き回らないようにしています。タオルや体操着で挟み、クッション代わりにしている生徒もいます。

▲専用ポーチに入れて大切に持ち運び

iPad などのタブレット端末は精密機械ですので、大切に扱っています。しかし、大切に扱っていても場合によっては不可抗力で壊してしまうこともあります。そのために、多くの生徒がケースを付けています（→ p.38 参照）。

iPad の場合、文字入力だけをみても、フリック入力以外にタブレット専用ペンシルを使った手書き入力やキーボードを使ったタイピング入力に対応しています。そのため、例えばタブレット専用ペンシルを多用する生徒は、ペンシルを取り付けられるタイプのケースを選び、タイピングを好む生徒はキーボード付きケースを選んでいます。

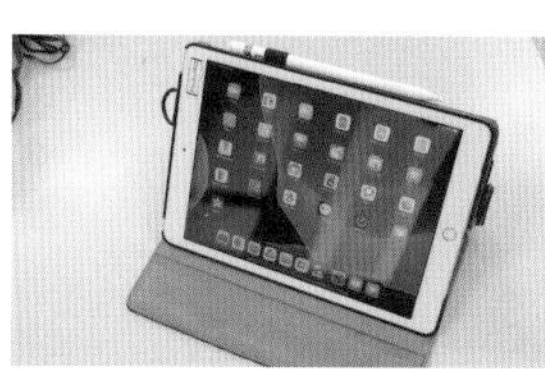

▲ iPad のケースは、キーボード付き (左・中写真) やタブレット専用ペンシル装着機能付き (右写真) など、種類が豊富

✓ iPad を保護するケースは、デザインだけでなく、耐久性、機能性を十分考慮した上で選ぶ

バッテリーが切れた！ログインできない！支援員さん、助けて…

▲職員室に常駐しているICT 支援員さん

充電してきたはずなのに充電されていない。アプリにログインしようとしたらログインできない。そんな不具合が発生したときは、ICT 支援員さんに iPad を診てもらいます（→ p.90 ～ 92「ICT 支援員さんの１日」参照）。復旧しない場合は、貸出名簿に必要事項を記入して代替機を借ります。代替機は、授業後速やかに返却します。その際も、貸出名簿に返却したことを記入します。故障した iPad は、専門修理業者にお願いして修理してもらいます。

▲ ICT 支援員さんでも直せない不具合は専門修理業者へ発送

✓ 不具合があったら ICT 支援員さんへ

▲机上が散らからないように、教科書などとバランスよく iPad を配置

教室を移動するときには、教科書やノートと一緒に iPad を持参

全ての授業で iPad を活用するため、特別教室で授業がある際は iPad を持って移動します。このとき、iPad を操作しながら歩くことはしません。また、トイレや保健室などに持ち込むことはしません。周りの人が不審に思ったり個室にこもってしまったりする人がいるからです。保健室は、委員会活動などで利用する以外は、病人や怪我人に配慮するため、使用しないように指導しています。マナーやモラルの問題として、生徒に考えさせたい部分でもあります。

✓ 持ち運ぶときや持ち運び先はマナーやモラルを守る

授業

1時間目

話し合い活動、個人思考、情報整理

授業での活用の幅は無限大
時には生徒自身が活用方法を選択することも大切

授業において、iPad は文房具です。筆記用具や教科書、ノートと同じです。もちろん授業で使わないこともあります。大切なのは、生徒に課題が提示されたときや生徒が思考を働かせたときに iPad があることで、手段として採れる選択肢が増えるということです（授業における活用方法の詳細は、p.39 以降を参照）。

▲アプリには、自分の思考を可視化できるもの（左・中写真）や、学級全員の思考を一覧で見ることができるもの（右写真）がある。

話し合い活動は、生徒が自分の考えを書いたデジタルシートを iPad で共有し閲覧しながら進めます。仲間の考えをそこに書き込んで保存すれば、いつでも閲覧可能です。AirDrop やロイロノート・スクールの生徒間通信機能を使えば、話し合った記録をその場で仲間に送ることもできます。

 デジタルデータを共有閲覧して、AirDrop で送り合う

▲生徒が場面ごとに文房具を選択することが大切。iPad がよいのか、ホワイトボードがよいのか、それとも…。

iPad があれば、自席でもインターネットにつないで情報収集ができます。集めた資料は思考ツールを使い、自分の考えも加えながら整理し、仲間や学級全体に発表します。iPad があると、生徒の活動に幅が広がり、生徒自身が選択できる学び方も増えます。したがって万能のように感じますが、あくまでも文房具の一つです。話し合い活動では iPad だけなく、ホワイトボードも用意するなどし、生徒が活動内容に応じて選択できるようにします。

 活動で使用するものの選択肢の一つが iPad

2時間目

屋外、校外活動（撮影、インタビュー）

軽量で即起動
iPad が「外へ持って行って！」と叫んでる

授業場所は教室だけではありません。iPad があると、これまで以上に教室外での活動の幅も広がります。理科の植物観察、体育での運動観察、技術・家庭科の作物の成長記録など、屋外、校外の活動にコンパクトで持ち運び便利な iPad は大活躍です。

記録は、写真や動画撮影だけでなく、メモ機能を使って文字で記録を残したり、インタビューをボイスメモを使って音声で残したりできます。

1台の iPad ですが、場面によって他の道具へと変わり活用できます。

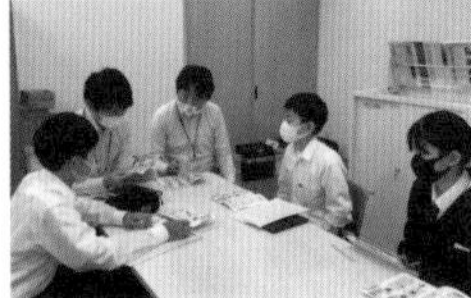

▲ iPad 1台でメモの用紙にも、カメラにも、ボイスレコーダーにもなる。

 軽量、小型の特長を生かし、活用場面は教室外へ

3時間目

ミニテスト、小テスト

小テストをデジタルで作れば 教師は繰り返し使え、生徒は繰り返し挑戦できる

アンケートや小テスト用のアプリやウェブサイトは、数多くあります。これを利用すれば、単元ごとの単語テストや用語テストなどの確認テストを手軽に実施できます。ロイロノート・スクールを使えば自動的に採点されて、その場ですぐに結果を確認できます。集計結果は表示/非表示が切り替えられ、状況に応じた対応が可能です。

Google フォームを使えば、「一問一答選手権」といったテストの形式も作り出せたり、Kahoot! を使えば、ゲーム感覚で復習ができたりします（→ p.26「こんなところからやってみよう」参照）。クラウドに保存できるので、教師も生徒も繰り返し活用できるのがとても魅力的です。

なお、iPad はタイマー機能が標準装備されています。授業で小テストの時間を計ることはもちろんですが、家庭で個人が小テスト、模擬テストに挑戦するときもタイマーをセットすれば、終了時刻を音や音楽で知らせてくれてとても便利です。

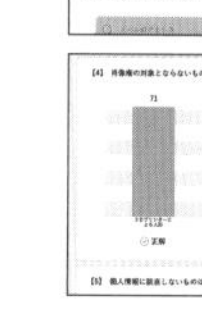

▶（写真上）ロイロノート・スクールのテスト表紙
（写真中）選択肢が4択の問題画面
（写真下）解答の集計結果画面

▲ iPad のタイマー機能

- ☑ 自作の小テストが作成できて、採点業務の手間も解消
- ☑ タイマーを使えば、終了は音で教えてくれる

4時間目

意見発表、プレゼンテーション

意見発表、プレゼンテーションは、 発表の規模に合わせて場所や機材を選択して活用

全校 ＞ 学年 ＞ 学級 ＞ グループ

▲多目的室（左写真）や理科室には備え付けのプロジェクターがある。教室は、Apple TV でモニターに投影（中写真）する。この他、持ち運びできるプロジェクターが職員室に保管されており、グループ活動で使用できるミニサイズ（右写真）もある。

教室や多目的室に備え付けのプロジェクターやスクリーンがあれば、準備のひと手間が不要です。iPad の場合は、Apple TV があれば無線でモニターへの投影が数秒で可能です。

4～6人程度の小グループでの発表では、iPad やパソコンの画面では小さ過ぎ、映し出す文字や写真も初めから大きく作る必要があります。しかし、持ち運びも便利なミニプロジェクターがあると、十分な大きさの投影が可能です。スクリーンも専用の小さなものが販売されていますし、教室に白い壁面があればそこに投影してもよいでしょう。場合によっては、白い画用紙や模造紙に投影しても十分きれいに投影できます。

▶左から「ミニ」「短焦点」「通常」のプロジェクター

- ☑ ミニプロジェクターで、小規模のグループ発表でも十分大きな画面を確保して発表できる

iPad と上手に付き合っていくために

授業において、iPad を正しく活用することが知識の正しい理解や思考の深まりにつながることは言うまでもありません。しかし、iPad を授業以外でも活用することで、より一層生徒の情報活用能力向上につながります。そのために、目的ごとにテキストを作成します。

01 iPad活用の手引き

アカウントとパスワード / パスコードの設定 / メールの使用 / 故障の対処 / アプリのインストール / おたより閲覧方法 他

iPad の使用方法の説明書です。iPad を導入している目的が、巻頭に示されています。また、ガイドラインとして、iPad が保護者所有のもので、生徒は貸し与えられていること、利用を制限するサービスやコンテンツについて触れています。

これ以降は、各種設定方法や具体的な使い方について、手順が画像とともに示されています。アプリについては、初期インストールアプリ一覧を掲載するとともに、個人でインストール可能なアプリのカテゴリーが示されています。手引きは、保護者が家庭で閲覧できるように印刷物を配付するとともに配信しています。

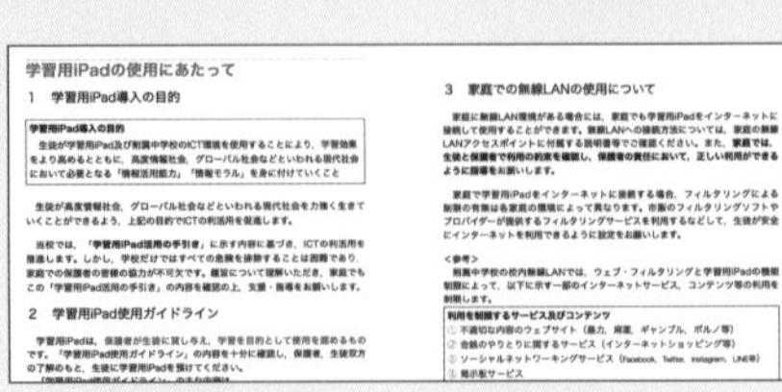
学習用iPadの使用にあたって
1 学習用iPad導入の目的
2 学習用iPad使用ガイドライン
3 家庭での無線LANの使用について

- 毎年、ICT活用教育担当や生徒指導担当で見直し更新
- 例年４月実施の１年生保護者対象「iPad講習会」でマニュアルとして使用
- 使い方に関わって、AppleやGoogleのWebサイトが閲覧できるよう、リンクのURL及びQRコードを掲載

02 iPad使用ガイドライン

保護者の約束 / 情報モラルテキストブック学習状況 / 生徒の約束 / 使用禁止事項 / 設定の禁止事項 他

iPad 使用の約束事をチェックするカードです。年度始めの４月、夏休み明け、冬休み明けの年３回、保護者と共に項目にチェックマークを入れながら内容を確認し、学級担任に提出します。学校が設定した約束事に加えて、各家庭で決めた独自の約束事も記入できるようになっています。また、情報モラルテキストブックとリンクしており、テキストブックで学習した項目をチェックできる欄が設けられていて、保護者と確認できるようになっています。巻末には、決まりの一覧表とともに、警察本部サイバー犯罪対策課をはじめ、少年サポートセンター、県消費生活センターの電話番号も掲載されており、トラブルに遭遇した場合の窓口も紹介されています。

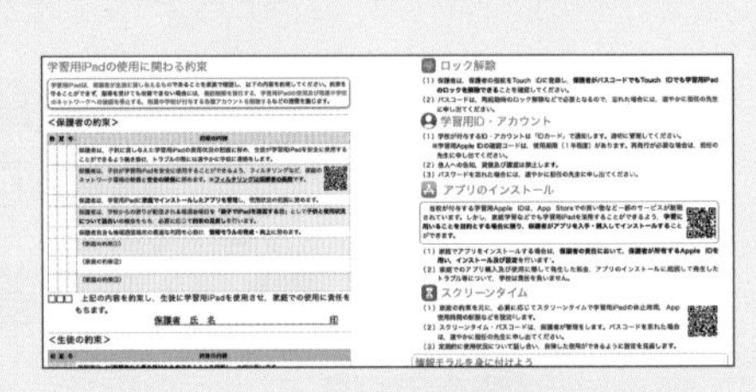
学習用iPadの使用に関わる約束
<保護者の約束>
<生徒の約束>
ロック解除
学習用ID・アカウント
アプリのインストール
スクリーンタイム

- 毎年、ICT活用教育担当や生徒指導担当で見直し更新
- 年３回、各家庭で確認期間を設け、長期休業明けに学級担任に提出。その後学級担任は、内容を確認し、すぐに生徒へ返却。
- 提出、返却が繰り返しあるため、厚紙で印刷、配付。

03 情報モラルテキストブック

著作権を守ろう / メディアとの関わり方を見直そう / 個人情報は適切に扱おう / メールの使い方 他

iPad に限らず、情報モラルを学習、確認するためのテキストです。本テキストは、デジタル版のみで、iTunes U(2020 年 10 月現在) で生徒に配信しています。個人情報の取扱いや著作権の遵守などについて、学校職員が作成した読み物や自分の考えをまとめるワークシートが活用できるようになっています。また、インターネットで無料配信されているクイズや動画などが利用できるようリンクが張られており、興味をもって取り組めるようにもなっています。

iTunes U で配信されているため、自分がどこまで学習したか項目にチェックできます。

情報モラル_テキストブック 2020 → クイズで学べるサイト / 読み物PDF / 附属中オリジナルサイト / 動画で学べるサイト

- 毎年、ICT活用教育担当が中心となり、コンテンツの加除修正を加えている。

※Apple製品のみ開きます。QRコードを読み込んだら、ダウンロードし、ファイルから開いてください。
※ブック内のリンク先ページが閉鎖されている場合があります。

給食

楽しい給食での活用は、ルールを守ってこそ！
動画、音楽は、肖像権や著作権の指導チャンス

▲iPadと放送機材を接続して（下）、連絡放送する生徒（上）

給食の時間は、和やかに音楽を聴きながら給食を食べています。毎日、視聴覚委員会の生徒がリクエストのあった音楽を流してくれます。 音楽以外にも、iPadで見ることができる動画を、モニターで見ながら給食を食べるときがありますが、iPadがあるからといって何でも映してよいわけではないことを、生徒に理解させなければなりません。

技術・家庭科や道徳はもちろんですが、全ての教科、全ての教育活動で情報モラルの指導機会があります。生徒が体育祭や合唱コンクールの要項表紙の絵を描くときには著作権を、係ポスターや総合的な学習の時間でチラシを制作・掲示するときには個人情報の保護や肖像権を教える機会になります。

情報モラル教育のチャンスは、授業以外にもたくさん！

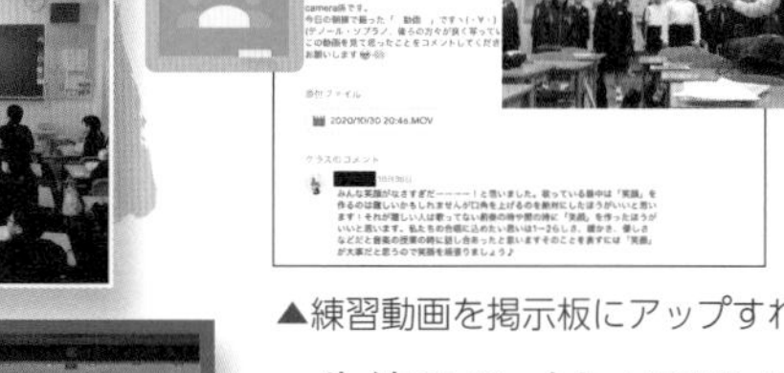

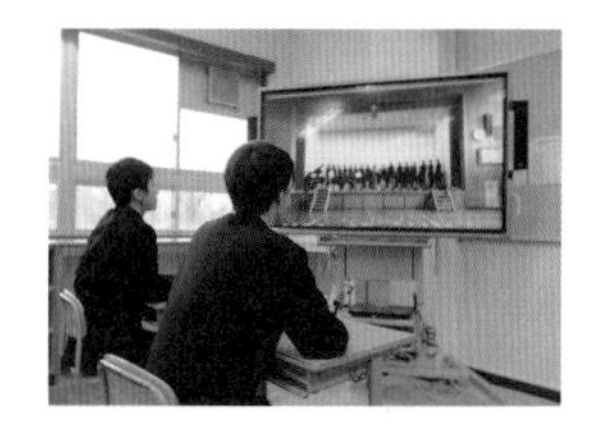

▲練習動画を掲示板にアップすれば、教室でも家でも見直すことができる

▲iPadからApple TVへの接続は無線でボタン1つ。生徒の端末でもOK

生徒のiPadもHDMIやApple TVを利用すればモニターに接続できるため、生徒自身がiPadで録画した合唱コンクールや体育祭のパフォーマンスのリハーサルの様子を、給食の時間にモニターで流し鑑賞することができます。動画を撮影することで、給食の時間だけでなく、授業中も個人やグループで鑑賞することができますし、Google Classroomにアップして家庭でも見ながら自主練習に生かすことができます。ただし、撮影した動画は、多くの生徒が映っていたり練習目的で撮影していたりするため、教育活動のみで使用しSNSなどへアップしないよう指導しています。肖像権や著作権などを踏まえ、SNSへの無断掲載に注意を促すことも忘れてはいけません。

撮影したリハーサル動画を使って、給食時間に
体育祭や合唱コンクールの練習を確認できる

デジタル機器から離れる時間も大切
読書、おしゃべり、雪合戦…

「自由な時間にiPadから離れられるか」「仲間や本との触れ合いも大切にしているか」デジタル機器にはない価値がそこにあることも、生徒には気付かせなくてはなりません。そのため、休み時間や昼休みは、必要な場合以外はiPadを使用しないことになっています。また、ゲームアプリがインストールできないようになっており、エンターテインメント動画なども閲覧すればすぐにICT支援員が確認できるようになっています。

▲昼休みは体育館や外で遊ぶ生徒が多い。図書室も人気で、昼休みの開館を廊下で待つ生徒もいる。

iPadから離れる時間は、人やものと関わる時間

▲【生徒用プリンター】
・インクジェット式
・校内に３台設置
・インク、用紙の補充は ICT 支援員さんに申し出る

校舎内の数か所に、生徒が自由に利用できるプリンターが設置されています。授業中に作成した係活動のポスターや、総合的な学習の時間で作成した出店用のチラシなどは、生徒自身が近くのプリンターにデータを送信して印刷しています。

◀プリンター前に掲示されているプリンター操作の説明

▲生徒が iPad で作成した掲示物は学校内の至る所に掲示されている。

生徒の成果物は、36 ページを参照

生徒が iPad でポスターやチラシを作ったら、生徒が自分でプリントアウトすることが可能

授業

こんなところからやってみよう

チェック!!

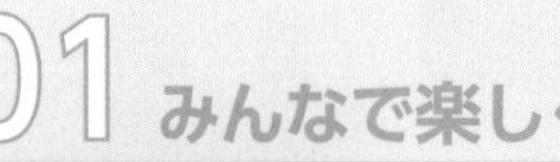

01 みんなで楽しく let's play Kahoot !

5 時間目

クイズ形式で学ぶことによって、楽しみながら知識・技能を習得することができます。モニターに映し出されたクイズ形式の問題を読み、iPad 上で答えを選択します。解答の正確さと速さで得点が加算されます。

授業の導入で、前時の復習として使われることがあります。リアルタイムでもオンラインでも、仲間と共に楽しく学ぶことができます。また、内容を復習しながら、生徒同士で問題を作ることも可能です。オンラインの Assign モードでは、教師が解答期日を設定して、生徒は家で解答することもできます。

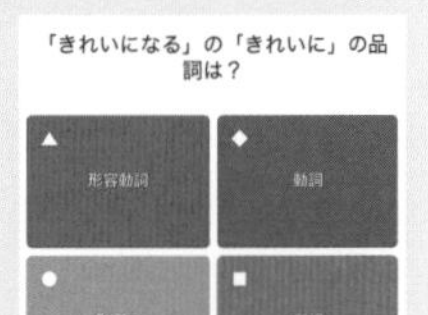

02 ボイスメモで練習効率アップ！

6 時間目

ボイスメモの録音機能は、客観的に自分の状況を知るために有効です。そのため、合唱のパート練習や発音練習では、よく活用されています。

録音すると、聴きたい部分を簡単に探し出すことができ、仲間同士で話し合いながら繰り返し聴き直せます。また、音の波形が表示されるため、アクセントの確認もできます。

これ以外にも、日頃記録しておきたいメモを音声で録音している生徒もいます。

03 色分けも簡単にデジタルで！

SCHOOL

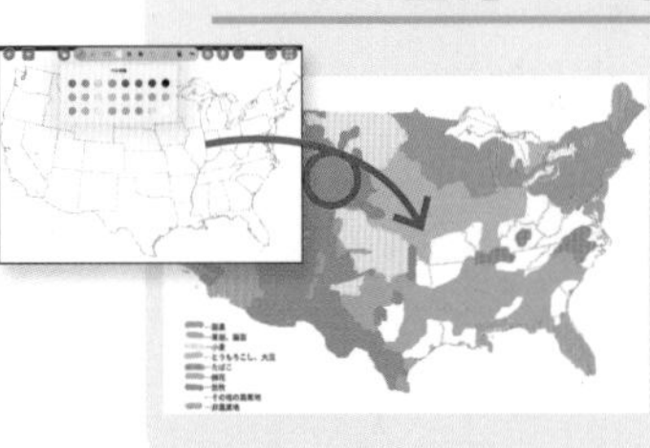

デジタル化したワークシートは、簡単に色分けもできます。美術での活用はもちろんですが、例えば、社会科の農業分布で地図に色を塗り分けるときなど、デジタルなら簡単に色を載せられて修正も瞬時にできます。

タブレット専用ペンシルを活用すれば、細部までよりきれいな塗り分けになります。

全校集会
学年集会

新しい生活様式から生まれた「全校生徒が集まらない集会」 密を避けて、暑さ寒さも気にせず、移動時間も有効活用

▲全校集会や生徒総会、始業式・終業式も Zoom で実施

「生徒が一箇所に集まって行うもの」という概念のあった集会も、新しい生活様式の中で、端末を使うことにより開催形態を選択できるようになります。そして、場面を選びながらも Zoom を使うことで、遠隔の際のマナーがあることや決まりを作って会を進めることを実感します。

生徒は移動時間がなく、準備も端末の接続だけで済むため、活動内容に時間を割くことができます。

<Zoomを使う際の決まり事>
- 始める前に音声の確認として会の主催者は入室者に聴こえているかを呼び掛け、入室者は反応を返す
- 始まったら、入室者はマイクをオフにする　など

 内容次第では、Zoom 集会で効率がアップ

短学活

時間割は配信 欠席生徒には、連絡ボードの写真を掲示板にアップ

短学活では、多くの場面で iPad を活用します。例えば、時間割は配信と掲示の両方で連絡されます。また、教科連絡係の生徒は、次時の授業連絡を先生に聞いたらその場で iPad のメモ機能でメモし、後で教室の連絡用ホワイトボードに書き写すという使い方をしています。さらに、終学活の中では、委員会活動の連絡を、Google Classroom で確認しながら学級全体に伝えている生徒も多いです。他にも、欠席者のために、授業内容や持ち物、提出物が書いてある連絡ホワイトボードをカメラで撮影し、Google Classroom にアップして連絡してあげる係活動をつくっている学級もあります。

▲ iPad にメモした授業内容を連絡用のホワイトボードに書き写す生徒

▲ Google Classroom で確認しながらの委員会連絡

▲おたよりを見て日程や連絡を確認

一方で教師も、iPad にデジタル配信されているおたよりをその場で生徒に開かせて、翌週の予定や提出物を説明します。

また、欠席の続いた生徒へも、家庭訪問や電話以外に Google Classroom を使えば、個別に指定して連絡を取ったり配付物を送ったりすることができます。対応の手段が増えるため、欠席の多い生徒や保護者のニーズに合わせた選択肢が増えることになります。

▲欠席者に学習内容を伝える特別な係活動を設定している学級も多い

 欠席者のために、カメラと掲示板で連絡 OK

 欠席の多い生徒への連絡も個別に送ることができる

放課後

「いつ」「どんなとき」に ICT を使えばいいか そんな学びが表れる放課後活動

授業で習得した、iPad を始めとする ICT 機器の使い方。実は、使い方だけではなくて、「どんなときに使えばよいか」も繰り返し教師から伝えることで、生徒たちは自分から「こんなところでも使えば有効活用できる！」と適材適所を見いだします。その一つが部活動です。使っていくことで、使い方や使う場面をさらに吟味し熟知していきます。

陸上競技部

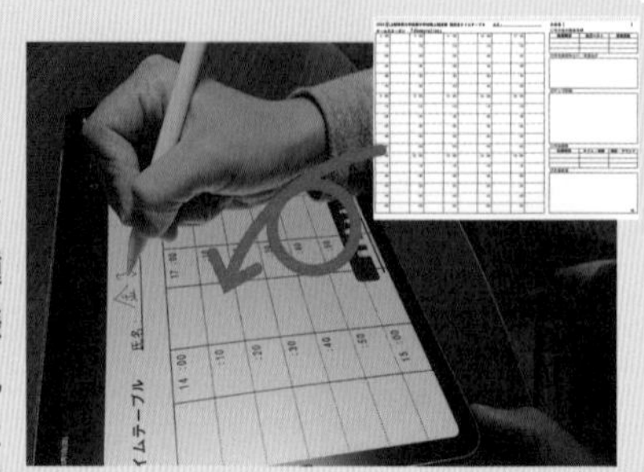

▲選手としてサポート役として、大切なタイムテーブルも iPad で作成

日々の練習で、iPad のカメラ機能を活用しています。短距離走のスタートダッシュ、跳躍種目の空中フォーム、リレーのバトン練習などの様子を撮影し、仲間同士で確認したり、顧問に見せてアドバイスを求めたりしています。撮影した動画は、AirDrop 機能を使うことで手軽に送信することができ、各自で蓄積しています。また、タイマー機能も大いに役立ちます。タイム計測や、インターバルタイマーとして使用するだけでなく、自分でプログラムを組んでストレッチや補強をする選手もいます。

大会前には、当日の自分の行動をタイムテーブルとして作成し、提出しています。自分の競技はもちろんですが、競技以外の空いている時間を各自が把握し、チームのために動くことができるようにするためです。タイムテーブルは用紙に手書きで作成する生徒もいますが、スプレッドシートに打ち込んだり、タブレット専用ペンシルを使い手書きで書き込んだりしてデジタルで提出する生徒もいます。各種大会では、カメラやビデオカメラを用いて競技の様子を撮影しています。撮影した動画は、Google Drive にアップして全員で共有しています。自己の技術面の振り返りだけでなく、仲間の動画を視聴することで、自分と比較したり仲間の課題を発見したりすることができます。

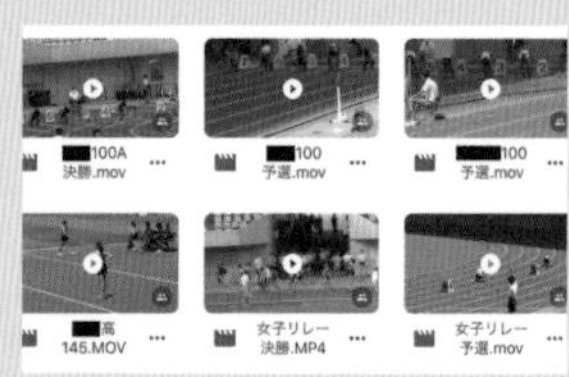

陸上競技部同様、他の部活動でも iPad は多用されています。野球部も、バッティングなどではフォームの確認として、iPad のカメラ機能は欠かせないツールになっています。バレーボール部やバスケットボール部は、練習や試合の様子を動画で撮影してモニターに投影し、自チームはもちろん、対戦相手チームの分析や試合の振り返りを生徒が積極的に行っています。

▲バレーボール部

▲バスケットボール部

吹奏楽部は、ボイスメモで演奏を録音して客観的に自分が出す音色を聴き直して、練習に活用しています。科学部では、研究活動の観察・実験を動画や写真で記録し、まとめスライドを iPad で作成しています。

▲吹奏楽部

▲美術部

▲科学部

部活動でも使うことで、ICT の有効活用を考えるようになる

委員会活動もデジタルで効率アップ！

定例の委員会活動に向けて、委員長や副委員長はiPadでスケジュールを確認します。その上で、顧問の先生と打ち合わせをして、委員にGoogle Classroomを通じ連絡をします。授業でGoogle フォームを使い相互評価を体験したことで、委員会でも取組の振り返りをGoogle フォームで行うようになりました。集約の手間が省け、すぐに結果も報告でき、活動の効率が上がっています。

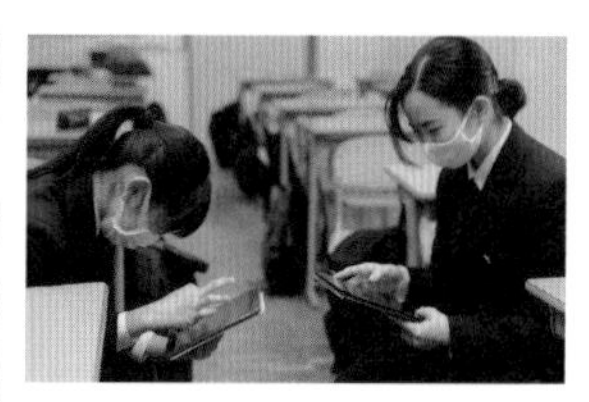
▲委員会の振り返りはフォームで残す

Google フォームを使えば相互評価の結果も即時集約

iPadで作り上げる「生徒総会」

手順① 議案書の作成・準備【AirDropでデータを送受信】

Pagesで作成した議案書の原稿や、メモアプリで作成した原稿を確認、提出する際、AirDrop機能を使って、生徒と先生、生徒同士でデータのやり取りをします。瞬時にデータを送り合えるので、容易に書類の確認や添削をすることができます。また、完成した議案書のデータも最後にはAirDropなどを活用して、生徒会総務に提出します。

手順② 議案書の配付【Google Classroomで全校生徒へ配信】

各委員会や生徒会役員が作成した議案書データ(PDF)は、Google Classroomを使って全校生徒へ配信します。ペーパーレスを実現することで、印刷の手間を省くことができ、生徒がいつでもどこでも手軽に議案書に目を通すことができます。

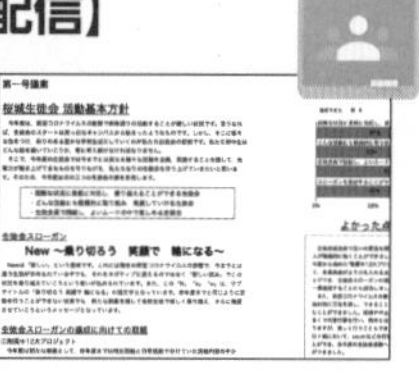

手順③ 学級討議【意見・質問はGoogle フォームで提出】

生徒総会前の学級討議では、配信された議案書をiPadで読みながら進めていきます。そこで出された学級の意見や質問は、各学級でGoogle フォームで回答してもらい、集約しています。紙で提出された場合は、全学年、全学級分の意見や質問を再度まとめ直す必要がありますが、デジタルデータで集まれば並び替えるだけで完成です。

手順④ 生徒総会当日【持ち物はiPadのみ】

全校生徒は、iPadを持参して生徒総会に参加します。ここでもiPadで議案書を確認しながら審議を進めていきます。また、司会者、議長をはじめ、壇上で話をする生徒は、iPadで作成した原稿を見ながら発表を進めていきます。

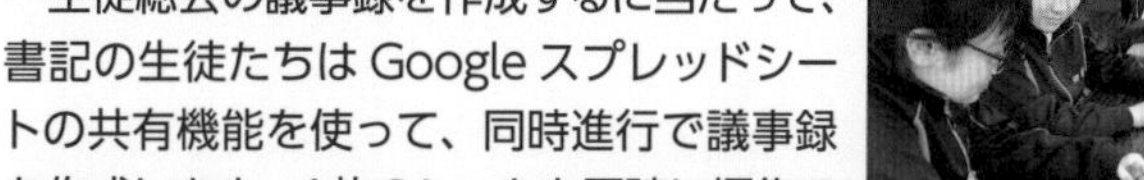

手順⑤ 議事録の作成【Google スプレッドシートで共有して同時作成】

生徒総会の議事録を作成するに当たって、書記の生徒たちはGoogle スプレッドシートの共有機能を使って、同時進行で議事録を作成します。1枚のシートを同時に編集できるため、各自の記録を後でまとめ直す必要がありません。

電車やバスでは、iPad を取り出さない・使わない

下校中は、家に着くまでカバンの中に iPad はしまったままです。特に、電車やバス、公共施設では、トラブルの原因にもなるため注意が必要です。

事例１）歩いて下校する途中、手に持っていた iPad をカバンにしまったつもりが落としたことに気付かず、地域の方に学校へ届けてもらった。
事例２）電車の中でむやみに写真を撮って他のお客さんに迷惑をかけた。
事例３）図書館や公共施設のフリースペースで大きな音を出して注意された。

✔ 電車やバス、公共施設では、マナーやモラルを守る

下校・帰宅

おたよりは全てデジタル配信
帰宅後は、保護者に iPad を返却

当校では「iPad は保護者のもの」を合言葉にしています。購入したのは保護者ですので、基本的には自宅では保護者が管理します。ただし、宿題や自主学習でも生徒は活用しますので、実際には各家庭の実態に合わせての管理になります。

なお、学校から発行されるおたよりは、ほぼ全てデジタルで毎週金曜日に配信されます。また授業でも多くのワークシートがデジタル配信されていますので、紙の消費が大きく節約されました。おたよりが配信される金曜日は、iPad を保護者に預けておたよりを読んでいただきつつ、「親子で iPad の使い方を見直す日」としています。

デジタル化による
紙の削減量
83,236 枚 / 年
(H30.3)

▲おたよりは iPad だけでなく、登録すればスマートフォンのお知らせメールにも届く

✔ おたよりはデジタル配信で、紙の消費削減

保護者との連携

01 保護者対象「iPad説明会」～入学式前日～

アカウントとパスワード / 指紋認証の設定 / おたよりの閲覧方法 / 故障対応 他

４月の入学式前に、新入生の保護者を対象にした「iPad 説明会」を開催します。前述のように、iPad は保護者のものです。まずは、保護者の方に、iPad の使い方を知っていただいた上で、入学式以降、生徒が iPad を持参して登校してくるという流れを組んでいます。そのため、ログインのためのアカウントやパスワードの入力、パスコードや指紋認証の設定方法、配信されたおたよりの読み方など、あらかじめ必要な情報をお伝えしています。

説明は職員が行いますが、システムに関することや故障対応については、ICT 支援員が説明します。また、実際に iPad に触っていただき、その場で操作しながら使い方を知ってもらうようにプログラムを組んでいます。

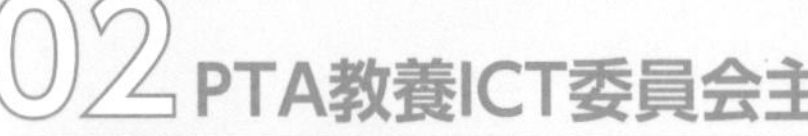

02 PTA教養ICT委員会主催「iPad講習会」

Zoomによる模擬オンライン授業 / Clipsによる動画編集 / ロイロノート・スクールによるシンキングツールの活用 他

新入生が iPad を活用し始めて１～２カ月経ったころに、iPad 講習会を開催します。この講習会は、PTA 活動の一環として PTA 教養 ICT 委員会が主催しており、全学年の保護者を対象に参加を募ります。ねらいは、生徒が学校で iPad を、どのような場面でどのように活用をしているかを知ってもらい、家庭での iPad の学習を応援してもらうことです。講習内容としては、ロイロノート・スクールのシンキングツールを使って個人の思考を可視化し、さらに共有して確認し合うなど、模擬授業のような形で行っています。また、Clips を使って動画編集をし、創作活動や学習のまとめで活用していることを体験する活動等も設定しました。

家でも、宿題や自主学習に活用 学習内容で分からないところは、先生にメールで

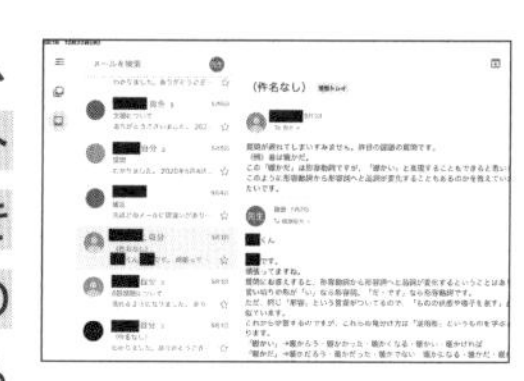

下校後は、授業中に出された課題や自主学習の課題に、iPad を使って取り組みます。クラウドに資料やワークシートが保存されているため、授業の続きの活動を行うことができます。学習や提出物で分からないところがあれば、各教科の専用メールアドレスへ質問を送り、先生からの回答を受けることもできます。

振り返りや学習課題で提出が求められているものは、ロイロノート・スクールや Google Classroom の場合、クラウド上に提出箱があるため、家からでも提出できます。また、学年だよりに「新任級長としての意気込み」という原稿を特定の生徒に依頼して回収するのも、全て Google Classroom で可能です。生徒は家に居ながら原稿依頼を受け取り、原稿を書いてそのまま家からクラウドに提出できます。教師は、依頼して提出された原稿を添削し、再度生徒へ Google Classroom で返却し清書を求める、といった具合です。

▲ロイロノート・スクールの提出箱

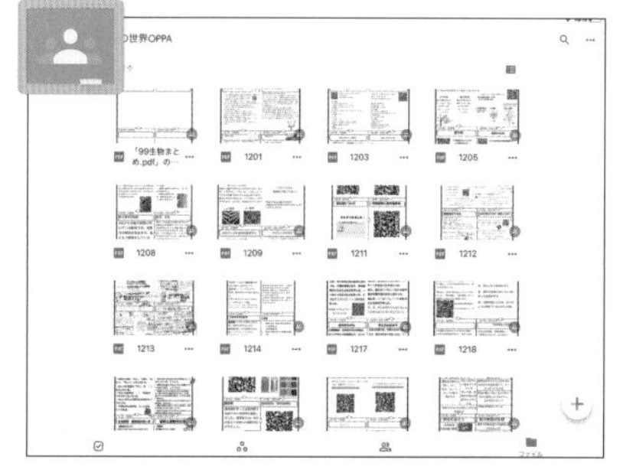

▲ Google Classroom の提出物一覧

 学習課題や自主学習で分からないことはメールで質問

 クラウドに保存で、家庭でも授業の続きが可能

 おたよりの原稿は、クラウドで依頼・提出・返却が可能

週末を利用した学習課題でも iPad は大活躍 一方で、外に持ち出すときの決まりもしっかり守る

週末は、家庭の中や屋外に iPad を持ち出して写真や動画を撮影して課題に取り組むような宿題を出すこともあります。また、総合的な学習の時間の学習活動に関わって、自ら施設を訪問して写真を撮るなど情報収集に出掛ける生徒もいます。

屋外で iPad を使う課題に取り組む前には、教師は、社会のルールやマナーに従うことをあらかじめ指導します。写真を撮ってはいけない施設もありますし、他人が写真に写り込むと肖像権の侵害やプライバシーの侵害に当たる場合もあります。iPad の使い方というよりも、法の遵守や社会におけるマナーを意識させ、他人も自分も傷つけないような使い方を学ぶ機会にします。

▲家庭分野の課題「家庭での家事」

▲総合的な学習の時間のインタビュー

 屋外へ持ち出す場合には、事前に情報モラル指導

寝る前に連絡が来ていないかを確認

下校後にも、iPad を通して連絡が来ることがあるため、Google Classroom に先生や仲間から連絡が来ていないかを確認します。学校からの連絡は、夜８時までと決まっています。生徒が欠席者に連絡したり、部活動の連絡をアップしたりするのも、夜８時までです。

金曜日は特に、部活動の連絡や終学活での連絡忘れがアップされることもあるため、確認してから就寝するようにします。通知設定をON に設定しておくと連絡が入ったときに気付きやすくなりますが、学級や部活の仲間からは通知が示されない場合もあるため、自分から掲示板をのぞくようにして確認をします。

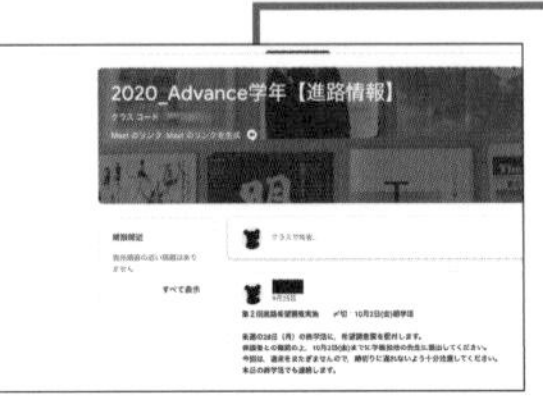

▲ Classroom は、学級だけでなく、教科や部活動、委員会活動、進路情報専用など、必要に応じて作成できる

先生がつくった様々な Classroom に登録して、
授業や部活、学級の情報などを確認する

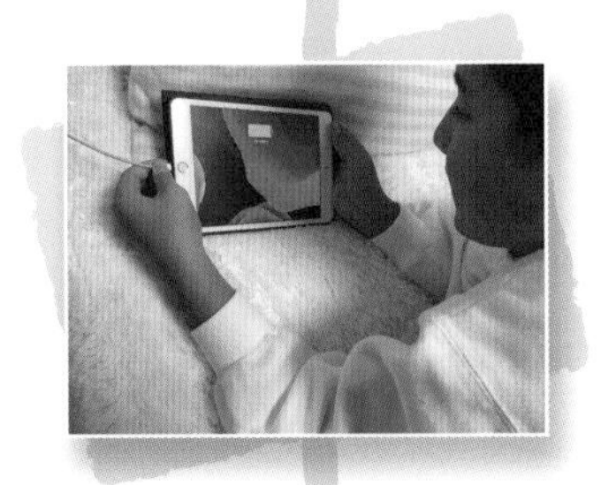

１日の最後は、充電を忘れずに！

iPad のある生活の１日は、iPad を充電して終わります。動画閲覧、動画作成などで１日のバッテリーの消費はかなりのものです。場合によっては１日もたない日もありますから、確実に充電して次の日に備えます。

なお、バッテリーを１日もたせる方法として、画面オン / オフがカバーの開閉で自動的に行えるようにする、操作しない時間が続くと自動ロックが掛かる、お休みモードを設定するなどの幾つかの機能を使うことで、消費が軽減されます。

▲画面オン / オフの設定

▲自動ロックの設定

▲お休みモードの設定

就寝

バッテリーの充電は必ず家庭でしてくる

バッテリー保持機能を設定して、バッテリー切れの心配を軽減する

コラム Vol.2　　presented by vice-principal

朝一番は、体温の入力から

新型コロナウイルス感染症の影響による「新しい生活様式」は、毎朝の健康観察と体温測定から始まります。

当校も、感染防止の基本として、生徒に対して「毎朝、体温を測りましょう」「体調が悪いと感じたら、無理をせず自宅で…」と指導しています。

一斉休業中は、ビデオ会議システムを通じた健康観察で、自宅にいる生徒に健康状態を確認していました。全校登校再開に伴い、「登校前の健康観察の徹底」と「自己管理の習慣化」が課題に挙げられました。生徒が自宅で確実に健康観察を行い、確認する必要性を感じたからです。iPad がなければ、「登校後、用紙に記入させる」「朝学活で、学級担任が生徒個々に聞く」「健康観察記録用紙に記録して登校する」などが手段となるはずです。しかし、私たちは、何の躊躇もなく、「生徒個々が iPad に入力する」という方法を採ることにしました。そこで、まずは、Google フォームによる健康観察の入力を始めました。しかし、日を重ねるにつれ、入力を忘れる生徒が増えてきたのです。加えて、入力状況を確認する養護教諭、入力を指導する学級担任の負担も大きくなってきました。

「何かよいアプリはないものか？」と考えていたところ、ＩＣＴ支援員さんが「LEBER」というアプリを紹介してくれました。早速、企業にアクセスし、アプリの概要を説明していただきました。アプリの機能のうち、「入力忘れをなくしたい」「全校生徒の健康状態の把握がしやすい」「生徒個々のプライバシーを守る」などの要望は、既存のシステムでカバーできることがほとんどでした。しかし、「生徒個々が使用する学習用 iPad 上で、生徒自身に入力させたい」という要望については、特別に対応していただき、当校のスタイルにマッチした「健康観察アプリ」を運用することができました。

現在、生徒も職員も LEBER に入力することが、毎朝の習慣になっています。

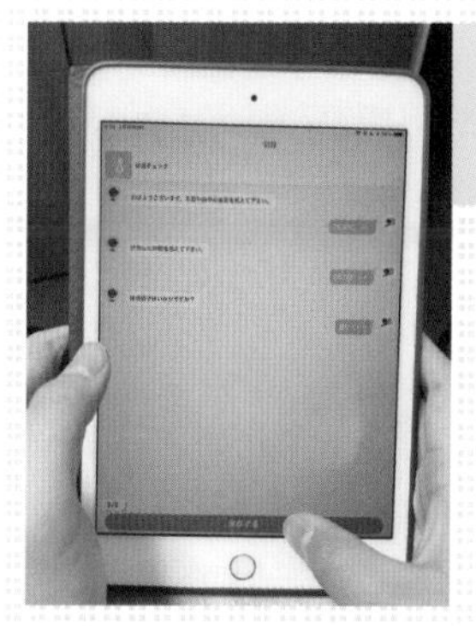

iPad上のLEBER

体温を入力する
LEBERの画面

使って実感！生徒の声

生徒アンケートより

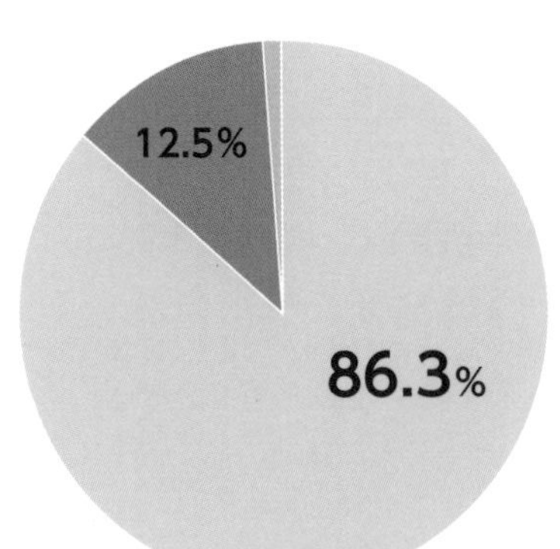

学習用iPadの
機能を利用して
学習活動に
生かしている。

iPadは体の一部

すばやい！

クラス全員の意見が
聴こえる！

視野が広がる！

interesting iPad

新しい発見、感動！！

超合理的生活

探究できる

最高！

快適

力が発揮できる

無限の可能性

私の価値観を変えたもの

より進化した学び

未来の学校生活

iPadは文房具の一つ

共有！

思考拡散！

新しい経験

最高に充実している生活

便利！

学校の授業が楽しく、
より身近になった気がする

授業で聞いていること、教科書に載っていること
以外の新しい知識を得ることができるので、
学習の質がすごく上がる。

今まで紙での勉強しか知らなかったですが、
iPadを使って違う種類の勉強方法を知って、
自分の知識が広がったと思う。
マナーを学べたことがすごく良かったと思う。

iPadで効率的に行えることが多くあるので
時間を生み出せる

言葉で書く能力が上がり
作文なども、すらすら書けるようになった。
漢字などをすぐに変換できるため、
漢字が書けるようになった。

とにかく
楽チン！

自分で自分を
分析できるようになりました

主体的に
なれる

いろんなことが
近い

時代の変化

convenience

もう抜けられない

enjoy

自由とルールのメリハリ

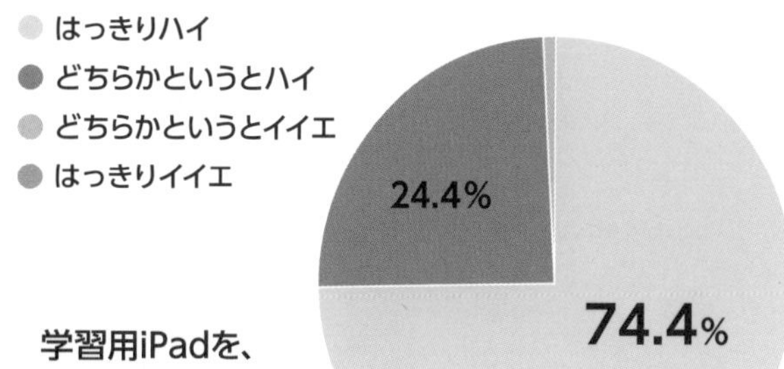

学習用iPadを、
ルールとマナーに
留意して
使用している。

No iPad, No school life

自由自在

学びが2倍に！

幸せ！

紙いらず！！

一挙両得

比較検討！

とてもgood

便利な反面
気持ちが読めない

家でも調べ学習を進めることができて
授業で分からなかったことも見直すことができる。

いつでもそばにある学校

家でiPadを使えないと、
課題のクオリティが かなり
下がると思う。

機械に使われるのではなく、
機械を使う（コントロール）
できるようになった。

休校中、みんなと
リモートで会えた！

家でもiPadが使えるから
緊急の休校でも
大事な連絡をすることができる。

課題を家でも取り組めるから
じっくりと考えられる。

個人情報はしっかり守り、
他人には不快な思いはさせない。

学校以外の所にも持っていけるので
変わった物やきれいな景色を
写真で撮るのが好きになった。
以前よりも、風景に
目を向けている気がする。

伝わる

家に持って帰れてこそ、
iPadの魅力がフルに発揮されると思う。
家に居ながら学校の課題などの作業ができる、
生徒や先生と連絡が取れる、
家庭学習に役立つなどの理由から
iPadを持ち帰ることに賛成です。

今までよりも
「分かる」が増えた！

生徒の成果物あれこれ

七班＆九班が提案する企画は…
『SDGs Roulette quiz』
です！

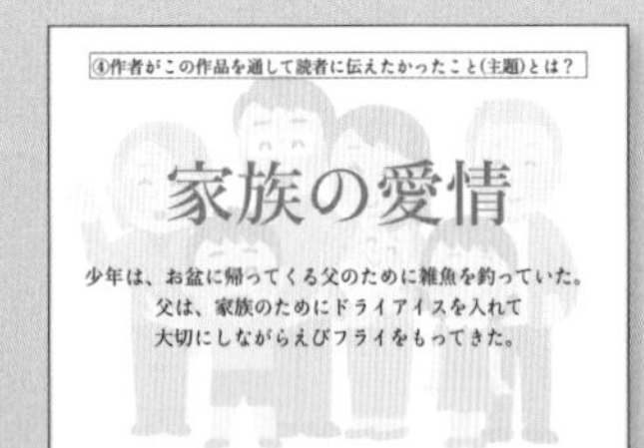

④作者がこの作品を通して読者に伝えたかったこと(主題)とは？
家族の愛情
少年は、お盆に帰ってくる父のために雑魚を釣っていた。
父は、家族のためにドライアイスを入れて
大切にしながらえびフライをもってきた。

今の高田の環境が続けば、ゴミが溜まっていったり
する状況が続いていき、いい環境ではない
↓
みんなが協力して今の環境を改善していけば
観桜会がずっと残り、観光客の笑顔を守ることができる

人権、プライバシーを守ろう！

ダンゴムシ
どこへ行こうか
悠久の
宇宙の中を
我らも漂う

梅雨ひかり
光陰まじわる
美しさ
では今すこし
あかるい方へ

四千本の桜、
四千回の手入れ。

SNSに
自分の顔や住所、名前
などを載せることで
個人情報、漏れていますよ。
盛れてるけど
洩れてるよ。

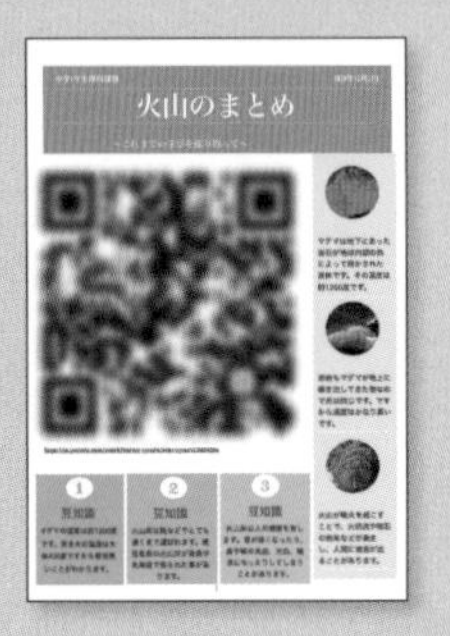

火山のまとめ

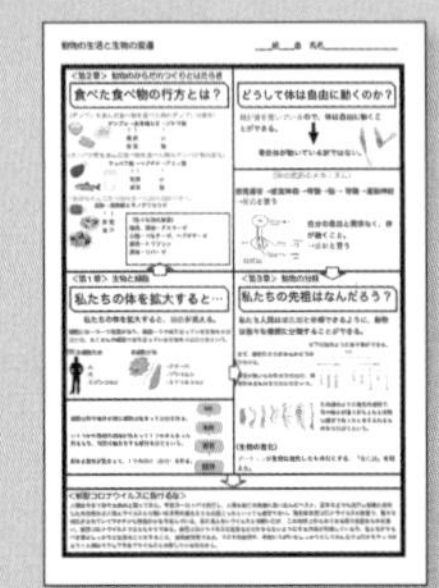

Infinity
～可能性と自分・仲間を信じて～
1-2

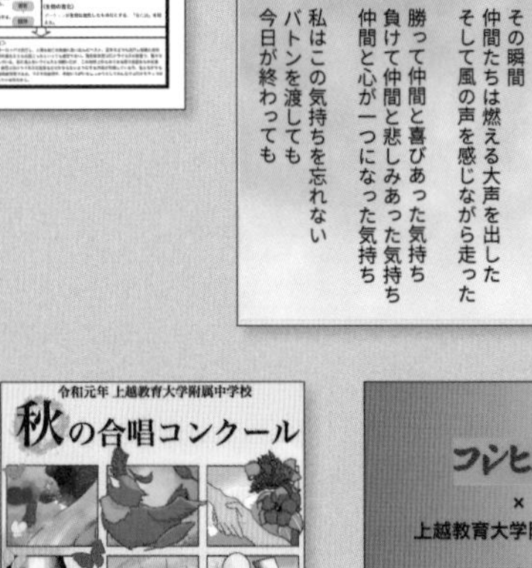

繋ぐ
グラウンドに響く声
体に響くピストルの音
その瞬間
仲間たちは燃える大声を出した
そして風の声を感じながら走った
勝って仲間と喜びあった気持ち
負けて仲間と悲しみあった気持ち
仲間と心が一つになった気持ち
私はこの気持ちを忘れない
バトンを渡しても
今日が終わっても

捕まえた！ライオンだ。 ライオンは、セキツイ動物のホニュウ類だ！
ホニュウ類は、胎生・恒温動物で肺で呼吸している。からだの表面は毛でおおわれている。

1年2組のNEWS
こちらの3つです！
準備 英語での他己紹介
準備 火曜日は学級討議！
予定 来週の週予定
1つ目は他己紹介についてです！

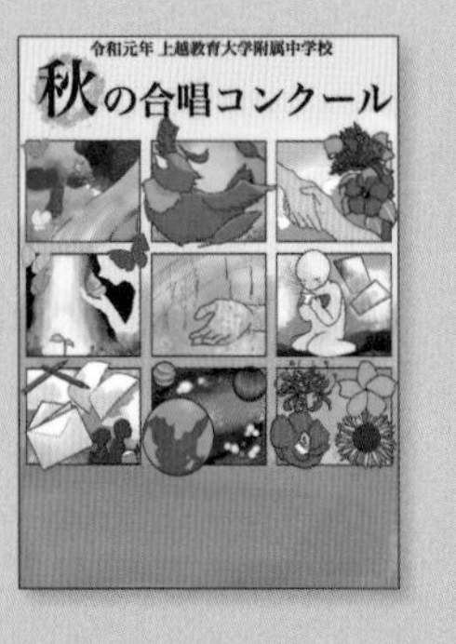

令和元年 上越教育大学附属中学校
秋の合唱コンクール

フレヒカリ
×
上越教育大学附属中学校
附中桜城祭
限定!!
はっぴい弁当
交換受付中！

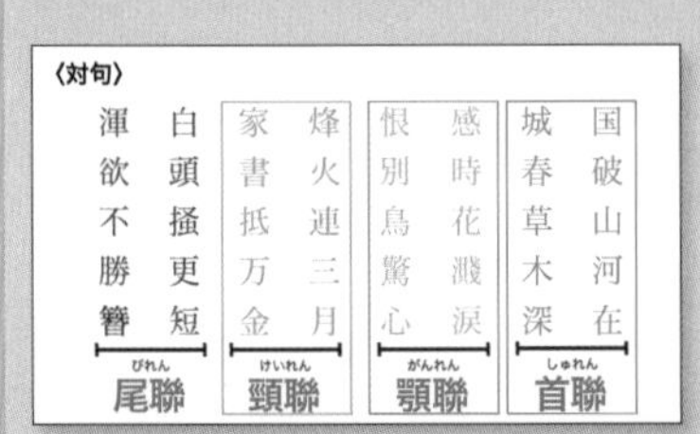

〈対句〉
国破山河在
城春草木深
感時花濺涙
恨別鳥驚心
烽火連三月
家書抵万金
白頭掻更短
渾欲不勝簪
しゅれん 首聯
がんれん 頷聯
けいれん 頸聯
びれん 尾聯

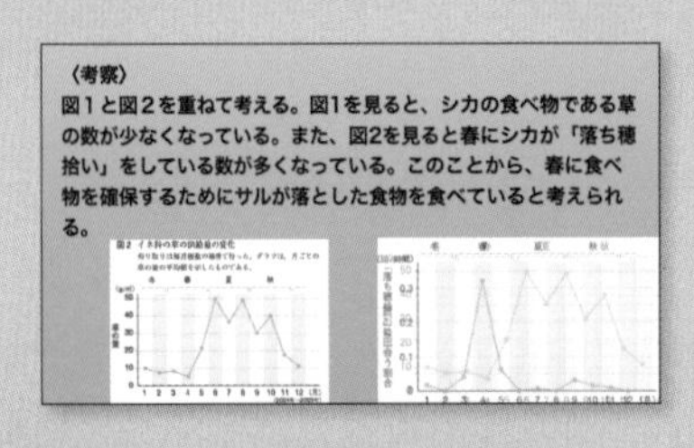

〈考察〉
図1と図2を重ねて考える。図1を見ると、シカの食べ物である草の数が少なくなっている。また、図2を見ると春にシカが「落ち穂拾い」をしている数が多くなっている。このことから、春に食べ物を確保するためにサルが落とした食物を食べていると考えられる。

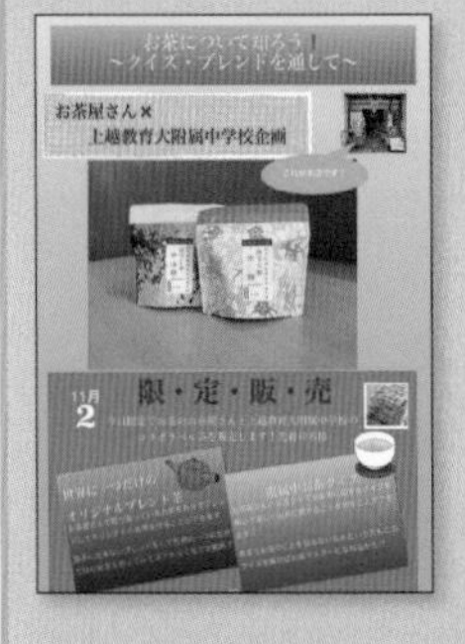

お茶屋さん×
上越教育大附属中学校企画
限・定・販・売

街中画廊
街中画廊さんクイズ!!

Flower happy
ばしょ：体育館
とき：11/2
にんずう：15人ほど

Patisserie × 桜城文化祭
ケーキ

Gem
STONE

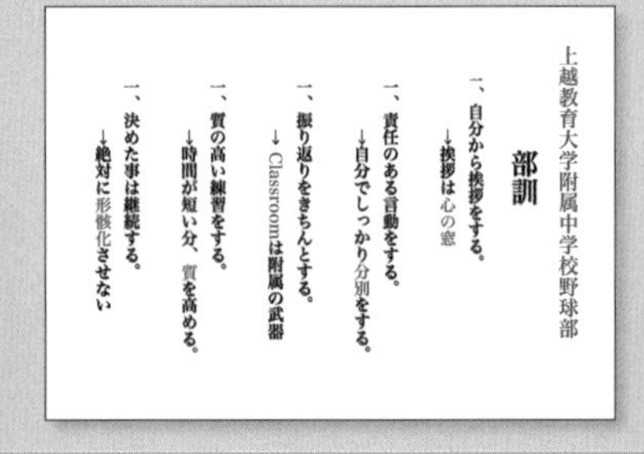

上越教育大学附属中学校野球部
部訓
一、自分から挨拶をする。
→挨拶は心の窓
一、責任のある言動をする。
→自分でしっかり分別をする。
一、振り返りをきちんとする。
→Classroomは附属の武器
一、質の高い練習をする。
→時間が短い分、質を高める。
一、決めた事は継続する。
→絶対に形骸化させない

合唱練習場所割り当て表

	音楽室	会議室	院カン	セミナー室	多目的室	ステージ
10月19日(月)	朝 3−2 昼 2−1	朝 3−1 昼 1−3	朝 3−3 昼 1−2	朝 1−3 昼 1−1	朝 1−2 昼 3−2	朝 2−2 昼 3−1
10月20日(火)	朝 3−3 昼 2−2	朝 1−1 昼 2−1	朝 3−3 昼 1−3	朝 3−2 昼 1−2	朝 3−1 昼 1−1	朝 2−1 昼 3−3
10月21日(水)	朝 1−1 昼 2−3	朝 1−2 昼 2−2	朝 1−1 昼 2−1	朝 3−3 昼 1−3	朝 3−2 昼 1−2	朝 3−1 昼 1−1
10月22日(木)	朝 1−2 昼 3−1	朝 1−3 昼 2−3	朝 1−2 昼 2−2	朝 1−1 昼 2−1	朝 3−3 昼 1−3	朝 3−2 昼 1−2
10月23日(金)	朝 1−3 昼 3−2	朝 2−1 昼 3−1	朝 1−3 昼 2−3	朝 1−2 昼 2−2	朝 1−1 昼 2−1	朝 3−3 昼 1−3

10月26日(月)　朝の練習は、自教室

1限前半	①3−2	②2−1	③1−2	④3−3	⑤3−1	⑥2−3
1限後半	⑦1−1	あ 2−3	い 1−2	う 1−3	⑧1−3	⑨2−2

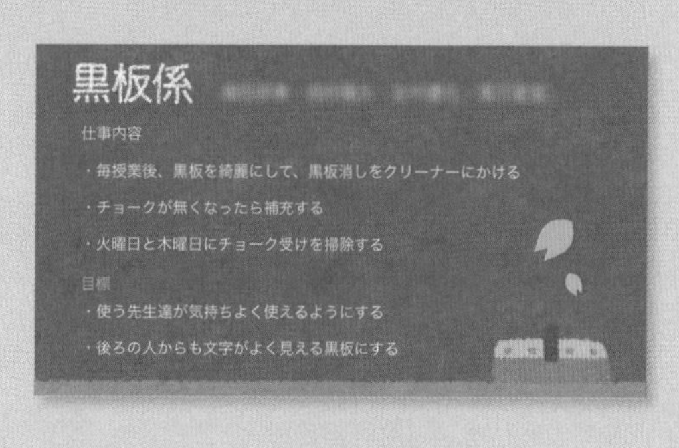

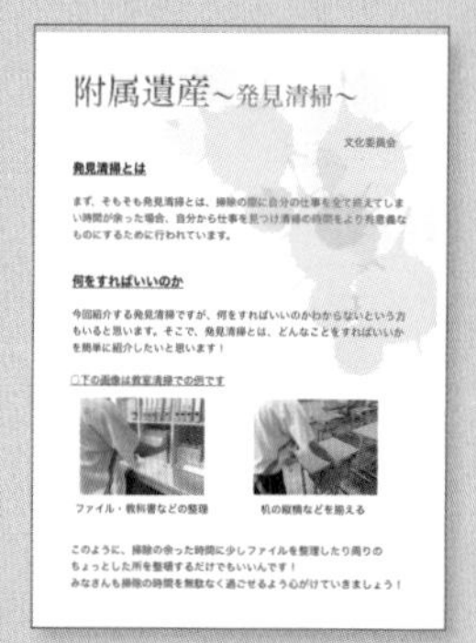

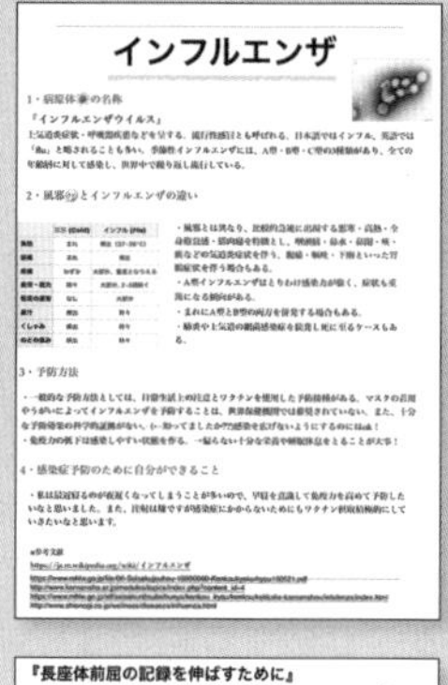

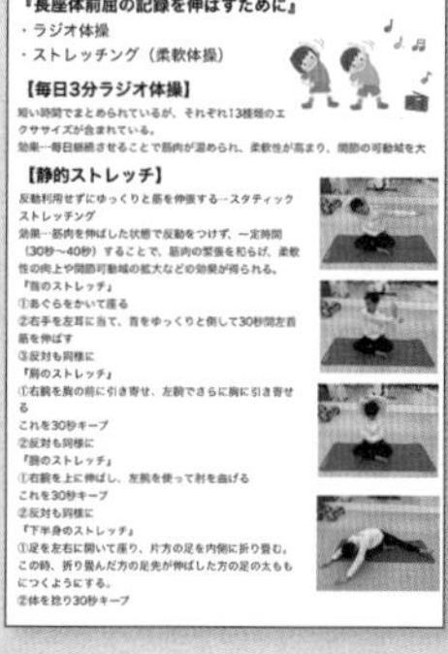

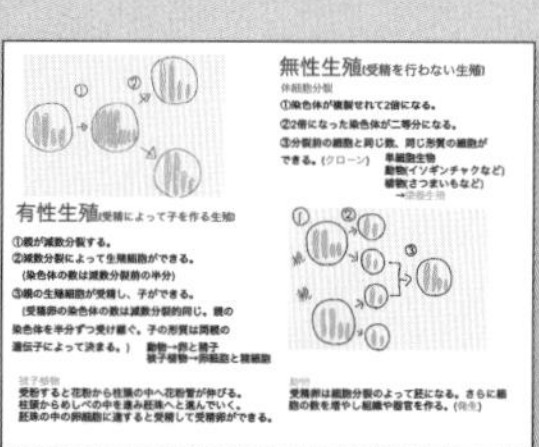

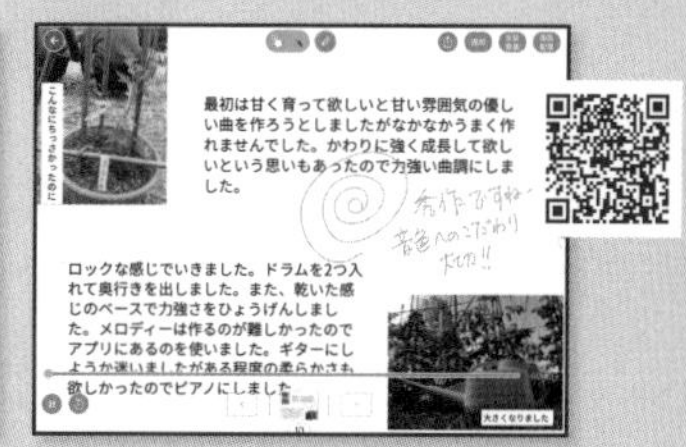

“写真で見る”タブレット端末カバーのあれこれ

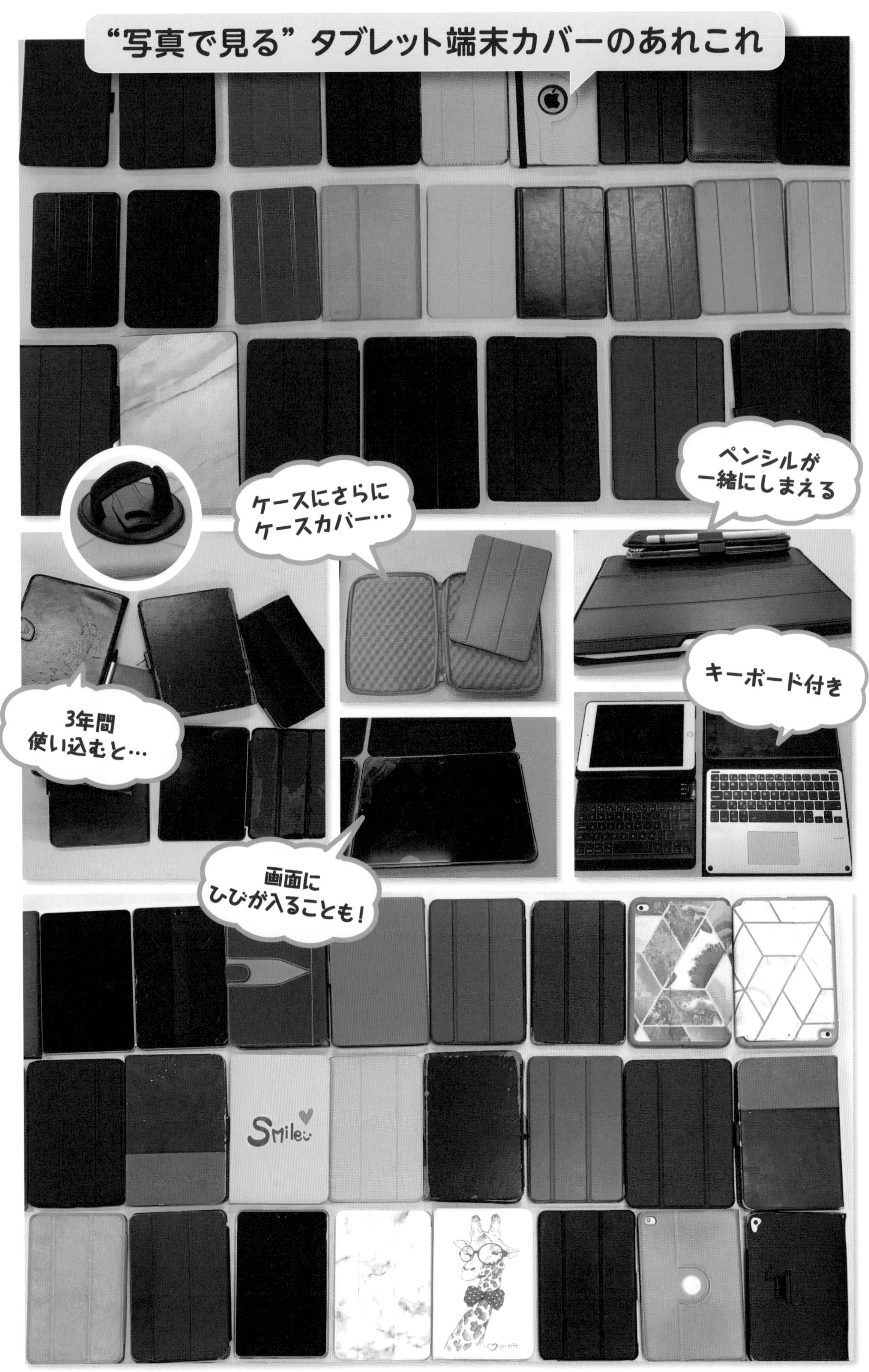

Chapter 2

実践例

iPadという「文房具」の可能性

1．はじめに

当校の授業にコンピュータが導入されてから、今年で33年が経ちました。1988年に47台のデスクトップパソコンがコンピュータ室に並び、私たちの挑戦が始まったのです。その後、1991年には、『コンピュータで授業が変わる』（図書文化社）を出版。2012年には、総務省「フューチャースクール推進事業」及び文部科学省「学びのイノベーション事業」の実証校として、各教科でコンピュータを導入した実践を重ねました。さらに、2016年に生徒一人が１台ずつ個人持ちタブレット端末を所持するBYOD[1]の環境を整えると、授業実践は加速度を増し、2019年には、Apple社からその実績が認められ「Apple Distinguished School[2]」の認定を受けるまでになりました。33年もの間、当校は、国立大学附属学校の「研究校」としての責務を果たしながら、教育活動にコンピュータを積極的に取り入れてきたのです。

コンピュータ導入当時の授業の様子（1990 年頃）

そんな中、2020年春に突如として政府から通達された全国一斉休業は、私たちにとっても青天の霹靂でした。世界的に新型ウイルスによる感染症が拡大する中で、最善の防止策として当校も３月２日から春休みをはさみ、35日間の休業を余儀なくされました。しかし、生徒一人１台端末の環境を生かし、「学びを止めるな！」の合言葉を掲げて、休業開始の翌日からいち早くオンラインによる授業と短学活を開始しました。そして、その取組は、各種メディアから全国に発信され、各方面から大きな反響をいただきました。先が見通せない不安の中、生徒を思い、模索していた私たち自身に一筋の光が差したように感じられました。今、振り返れば、当校がこれまで築き上げてきた30年以上の実績があってこそ、対応できたのだと思います。

2019年12月に文部科学省から「GIGAスクール構想」が発表され、全国の小・中・特別支援学校に生徒一人１台端末の環境が整うことになりました。前述した感染症拡大防止の措置も前倒しされ、当初の計画が早まって2020年度中に整備されることも決まりました。日本の教育にとって、大きな節目となるこの時をチャンスと捉え、ICT活用に対して、困り感や期待を抱かれている皆様と共に、これからの授業を一緒につくっていきたいと考えています。そして、私たちがこれまで蓄積してきたICT教育の成果が役に立つことを願っています。

---

1 Bring your own device の略。個人所有の端末を、教育や業務に使用することを言う。

2 Apple 社が提示する要件を満たす教育機関に与えられる。認定期間は３年間。認定される条件としては、生徒一人１台端末の環境が整っていることや、Apple の製品やサービスを革新的に活用し、教員が iPad や Mac に熟知していることなどがある。

2. 授業におけるコンピュータの利用価値と変遷

当校がコンピュータを導入したのは、「コンピュータを授業に生かせないか」という発想がきっかけでした。問題を発見する、追求する、自分を表現する、まとめる、振り返るなどの学習活動で、コンピュータを有効に活用しようとしたのです。その結果、「生徒がより意欲的で、主体的になる学習活動が生まれた」「生徒が、自分の構想をうまく表現できる喜びを感じていた」「学習に対する自信が、コンピュータを使わない学習へも広がった」など、生徒の学びに変化が生まれました[3]。その後も、コンピュータを活用した教育活動を積み重ねる中で、確かな教育効果を感じてきました。

一人1台タブレット端末を活用し始めた頃の授業の様子
(2013年)

教育効果が感じられるようになると、今以上によりよい環境を整えてICT機器を日常的に活用すれば、更に教育効果が高まるのではないかと考えました。そこで、総務省の「フューチャースクール推進事業」及び文部科学省「学びのイノベーション事業」の実証校に名乗りを挙げ、ICT環境を更に整えての実践に挑戦することにしました。生徒が活用するデスクトップパソコンをタブレットパソコンに替え、生徒一人に1台を貸与できるだけの数を整備したことで、授業でコンピュータを活用する教科や機会が明らかに増加しました。特に、生徒が学習の理解を深めようと主体的に取り組む場面での活用が増えるとともに、「数名で学び合う」「相互に教え合う」「数名で協力する」などの、グループの活動場面にも多く活用されるようになりました。その他にも、健康観察や委員会活動、学級活動など、教育活動全般でコンピュータを活用していくようになりました[4]。

タブレットパソコン導入によって、コンピュータの更なる教育効果が明らかになった一方で、「特別教室でのセッティング、後始末が不便」「持ち運びはできるが重い」「バッテリーが長持ちしない」「ネットワーク接続が不安定」などといった課題が歴然としてきました。やがて、タブレットパソコンのリース期間終了が迫ると、おのずと課題を解決してくれる端末が必要となり、より軽いiPad導入に辿り着いたのです。

iPadを授業で活用していくと、これまでのコンピュータの教育効果に加え、機動性に優れていることを実感しました。移動時には、ノートや教科書と同じ感覚で負担なく持ち運びができることから、iPadを活用する授業の場所が、屋内外問わず広範囲になりました。また、電源ボタンを押した次の瞬間に起動す

---

3 当校著作『コンピュータで授業が変わる』(図書文化社 1991年5月 p.226)
4 平成25年度 総務省「フューチャースクール推進事業」成果報告書 平成26年3月31日 国立大学法人 上越教育大学附属中学校

るため待ち時間がなく、授業の流れを止めずに使えます。さらには、保護者負担による個人購入にしたことで、家庭に持ち帰るようになり、学校でクラウドに保存した学習課題のデータを家で開いて取り組めるようになりました。

取り出してすぐ使え、どこへでも手軽に持っていける利便性だけでも十分な魅力ですが、端末そのものやアプリケーション（以下、アプリ）の多機能性のおかげで、教育活動へ期待以上の成果をもたらしたのです。

個人持ちの iPad で植物観察をする生徒
（2019 年）

iPad で仲間が走るフォームを撮影する生徒
（2019 年）

によってiPadやアプリの機能がとても効果的に働くと実感してきました。

本書は、教科の見方・考え方を働かせる学びをより充実させるために、iPadやアプリをどのような場面でどのように活用しているか具体的に各教科が、単元や１時間の授業の中で、iPadを効果的に活用している実践を紹介しています。さらに、授業の一場面を切り取って、アナログをデジタルに手軽に置き換えた実践なども紹介しています。

３．実践を紹介するに当たって

当校では、これからのAI時代を主体的・共創的に生き抜く生徒を育成するために、生徒が学習課題に取り組む中で、教科の見方・考え方を働かせ最適解や納得解、正解を導き出す姿を各教科等で目指しています。そのために、「自己調整」「創造性」「人間性」に着目して[5]、各教科の本質に迫るために手立てを講じながら、日々授業改善に取り組んでいます。授業改善を進める中で、場面や活動内容

４．まずはここから、少しずつ

私は、当校に赴任して初めてiPadを扱いました。実際、当校に勤務している多くの教師も同様です。もちろん私たちは、勤務した当初からiPadを使いこなし、アプリの機能を十分に生かせていたわけではありません。まずは、できるところからという姿勢で、「これまでの教材・教具をiPadに替えてみる」「アナログをデジタルに置き換えてみる」というところから始めました。

---

5 当校における、2019-2022研究の研究主題に関わるキーワード。自己調整は「自ら目標達成に向けて手段を比較・検討・選択し、試行・実行した結果や過程を客観的に分析していくという流れをサイクルとして自ら回している姿」、創造性は「新しく何かを創り出すだけでなく、ものやことに対して、新たな価値を見いだしたり意味付けしたりすること」、人間性は 「社会性、道徳性、感性など、人としての強みを生かそうとすること」と、当校では定義している。

例えば、これまで資料の提示は、印刷して個別に配付したり、プロジェクターで投影して全員で確認したりしていました。しかし、今はパソコンで作った資料は、それをそのままPDFにしてiPadへ転送しています。授業そのものに変化はありませんが、印刷する手間が省け、授業前に配付することが可能になりました。つまり、事前に予習の教材として、生徒が家庭にいてiPadが生徒の部屋にあっても学校から配付することが可能になりました。また逆に、クラウドを利用すれば、生徒が家で終えた宿題をそのまま部屋から教師に送ることができるため、教師は職員室にいながら提出物を回収することもできます。かさばることもなく、端末一つで学級、学年、全校生徒の提出物を確認できるようになりました。実験や観察、試行の記録も、文字やイラストだけでまとめていくのではなく、カメラアプリを使って、画像や動画として確かな記録を残しながら、文章で事実を補うようにしていきました。

このように、無理のない、できる範囲でできるところからiPadを授業に取り入れてきました。そして、校内外のICT研修で活用方法を勉強し、技能を身に付け、時にはICTに長けている教師やICT支援員の助言を得ながら、これまで使ったことないアプリや機能の使い方を徐々に習得していきました。その中で、どのような場面でどのようにiPadを活用すると教育効果が高まるかを考え、教材研究を進めました。

iPad に転送された PDF 資料を受け取る生徒
(2019 年)

本書はこれからiPadを授業に取り入れる方に向けて、「iPadやアプリは、まず、こんなちょっとした場面で使っていくと有効ですよ。」という取組を紹介しています。アナログで行っていたことをデジタルに置き換えてみる。そうすることで、デジタルの良さや授業改善の新たな視点が見えてきて、「もっとこんな授業をしたい！」が、生まれてきます。

5．新たな授業へ

iPadの可能性を感じられるようになると、「iPadがあれば、こんな授業ができそうだ。」「これまで以上に、生徒が教科の見方・考え方を働かせるきっかけになりそうだ。」と考え、私たちがiPadがあるからこそ可能となる新たな授業へと踏み込んでいきました。

iPadがあることで、自席に居ながら他者の考えを見ることができます。グループで１枚のワークシートを自分の端末から編集することができます。カメラで記録を残せば、いつでもどこでも撮ったときの状態を見ることができます。そして、画像や動画、音楽、スケッチなどの機能で、クリエイティブな作業ができるのです。

この特長を活用し、例えば２年生の理科では、沖縄修学旅行を見据えて、気象情報を調べ、新潟県上越市と沖縄県那覇市の天気予報を発信するという学習課題に取り組みました。その中で生徒は、オンラインでつないだ北海道と愛媛の高校生を相手に、理科の見方・考え方を働かせながら的確に知識を活用して、グループで分かりやすく天気の情報を発信したり、評価してもらったりしました。生徒は、AIにはできない、人間にしかできない情報伝達の仕方や、遠く離れていることによる地域性や文化の違う相手に、何をどのように伝えるかを意識しながら、思考拡散から思考収束、試行と修正を繰り返しながら天気予報番組を完成させました。

アプリで画像を合成した天気予報番組を発信する生徒
（2019年）

この学習課題は、前述したタブレット端末の特長を生かしながら、更にオンライン機能を生かした新たな授業デザインと言えます。時間的、空間的な見方で上越と沖縄を比較しながら天気予報動画を制作する生徒は、得た情報を天気図で示すなど工夫して解説しながら、知識を確かなものにしていました（58ページ参照）。

48ページ以降に、各教科の実践を掲載しました。iPadをはじめ、ICT機器を授業へ積極的に取り入れていきながら、習得・活用・探究の学習プロセスの中で、主体的・対話的で深い学びをどう実現していくかを、私たちも継続して考えていきます。

6．やっぱりiPadは「文房具」

以上、iPadがあることで、授業が子どもたちに新しい学びを生むことが分かりました。だからこそ、iPadは「特別なもの」なのかもしれません。しかし、「iPadで今日は何をしよう」という、端末ありきの授業を考えてはいけないと認識しています。その点から言えば、iPadは、文房具と一緒なのだと考えます。円を描きたいときにコンパスを選択するように、屋外で写真を取ってその場で編集したいときにiPadを選択するといった、その道具の独自性、機能性を生かして使う学習道具、広い意味での「文房具」の一つです。

この後、本書を読み進めていただく中で、あなたなりのこの「文房具」の使い方を考えてみてください。

文責　　研究主任　市村 尚史

教科書、ノート、筆記用具そして、iPad…
生徒は必要なときに、必要なものを、
自分で選択して学びを深める。

ページの見方　～授業実践例編～

- 本書で紹介している各教科の実践では、ICT 機器やタブレット端末（iPad）の使い方として、手軽さや時間短縮をねらって活用している場面があったり、教科の見方・考え方を働かせて学びを深めることを目的に活用している場面があったりなど、幅広く掲載しています。
- 実践の中には、ICT の活用場面を中心に切り取って掲載している教科があるため、本来の単元構成よりも短い時数で掲載している場合があります。
- 実践で紹介しているアプリそのものの使い方や、アプリの細かな機能の使用場面は、あくまでも一例です。
- ページの中に表示されている QR コードを読み込むと、実際に生徒が書いた授業のワークシートを見ることができたり、生徒が創作した音楽などが聴けたりします。

実践例のページ構成

教科名

本時の授業タイトル【学年】

本時で使用する**アプリ**

授業のねらい
- 本時の学習活動
- アプリや機能の活用方法や意図
- 単元時数

紹介実践が**単元**やまとまりの場合
▶「○時間目」「Step○」
紹介実践が **1 時間**の場合
▶「導入」「展開」「終末」

当該場面(授業)で主に**使用するアプリ**

生徒の**学習活動**
※太ゴシック体＋マーカー
▶ ICT を活用することで可能になることや、ICT の活用により期待されること、教科の見方・考え方を働かせるところなどの活動のポイント

数学科

倍数を見分ける仕組みを見付けよう【第 2 学年】
～ロイロノート・スクールで振り返りを蓄積し、その考えを共有する～

具体例から倍数を見分ける仕組みを帰納的に見いだし、それらがいつでも成り立つことを文字を利用して演繹的に説明します。ロイロノート・スクールに、その結果や解決の過程を記録し、それを利用して、新たな別の倍数の見分け方を見いだします。また、見いだした式を読み取って倍数の見分け方を理解することをねらいとします。（全 3 時間）

1 時間目

4 桁の数を一つカードに書いてロイロノート・スクールの提出箱に提出します。モニターに映し出された学級全員の**4 桁の数の中から、3 の倍数を探します。**

3 の倍数を見付ける速さを生徒と競う場を設定することで、3 の倍数を見付けることへの興味が高まります。

3 の倍数を見分ける方法があることに気付き、なぜその方法で見分けられるのかをグループで考えて発表し、説明します。

偶数の説明をしたときは、2 ×（文字式）の形にしたから、3 の倍数も 3 ×（文字式）の形にしてみよう。

学級全員分の提出した数を即時に比較することができるため、**3 の倍数の仕組みを予想しやすくなり、課題解決への意欲が高まります。**

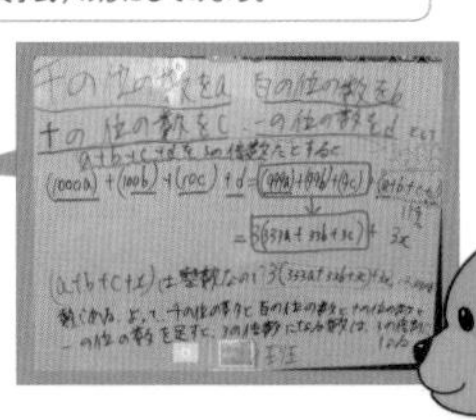

各位の数の和が 3 の倍数になると、もとの 4 桁の数も 3 の倍数になることを文字を利用して説明します。グループの考えをホワイトボードにまとめ、そのまとめた内容を撮影し、ロイロノート・スクールの提出箱に振り返りとともに提出します。

2 時間目

3 以外の倍数を見分ける方法を考えます。自分で見分けたい倍数を選び、個人で考えます。このとき、**解決の手掛かりとして、前時の 3 の倍数の説明方法**をロイロノート・スクールに残した前時の振り返りを見直して確認します。

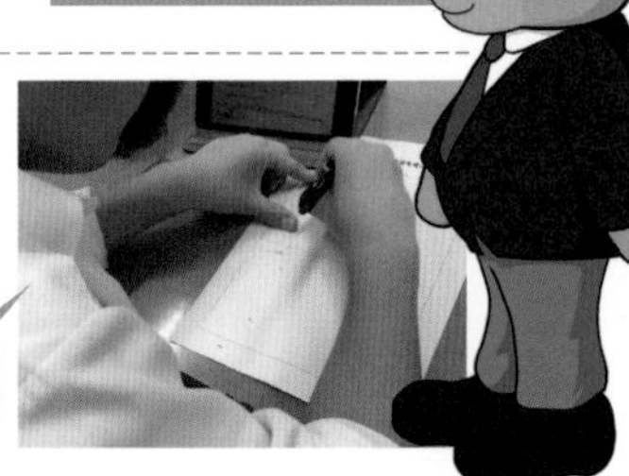

3 の倍数の説明をしたときは、3 ×（文字式）の形に変形した。

教師がイメージしている「タブレット端末を活用して主体的に学ぶ生徒」

(1)どこでも

「教室の外に出て端末のカメラで植物を撮影する」「図書室で文学作品の作者について調べた情報をメモアプリに記録する」「総合的な学習の時間の授業で制作しているプレゼン用スライドの続きを家庭で作る」など、端末の特徴やクラウドを利用して、どこでも適宜活用していく。

(2)自分のペースで

学習の記録としてクラウドにためたポートフォリオを活用し、学年を超えて既習内容を振り返りながら主体的に学習に取り組む。また、学習支援アプリも活用しながら、基礎的・基本的な知識を習得していく。

(3)私だけでなく、みんなと

顕微鏡をのぞいて見えたものや思いついたアイデアは、アプリに記録したり書き出したりしながら、成果や思いを共有していく。「自分で考え、伝え、みんなで考え、広げ、比べ、さらに考えを深めていく」という過程の中で、端末を活用していく。

(4)世界の人々と

画面の向こうにいる多様な人々に対して、自分やグループの思考を端末で可視化し、分かりやすく伝えながら意見交流する。

学習活動の様子や成果物の画像

学習活動における**生徒の発言**や話し合い活動での**つぶやき**

ふむふむ

ロイロノート・スクールを使って、自分が見分けたい数を書いたカードを提出します。**同じように仲間が提出したカードを回答共有機能で確認し、同じ数を選んだ者同士でグループを作ります。**ホワイトボードやロイロノート・スクールのカードに**考えを書き入れながら、説明を練り上げます。**

みんなはどんな数の倍数を考えているのかな？同じ数を選んだ人はいるかな？

個人思考の時間を確保したのちに、グループで相談する時間を設定します。「ここまで考えたけど分からなかった」と伝えることも大切です。

3時間目

グループで考えた倍数の見分け方を**分かりやすく他のグループに伝えます。**発表するときは、考えをまとめた**ホワイトボードの画像やロイロノート・スクールのカードをモニターに映し、説明します。**

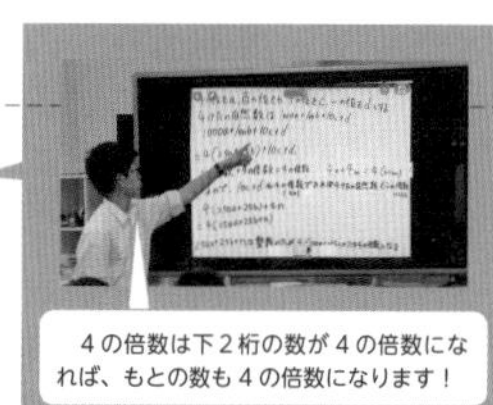

4の倍数は下2桁の数が4の倍数になれば、もとの数も4の倍数になります！

十の位の2倍に一の位をたした数が4の倍数でも、もとの数は4の倍数です！

《4の倍数》

2c+d=4n

a，b，c，dは整数である。

式）1000a+100b+10c+d
=4(250a+25b+2c)+(2c+d)
=4(250a+25b+2c+n)

生徒は仲間の説明を聞きながら、自分のタブレット端末で大切だと思う部分にその都度、色付きの下線を引いて強調することができます。**倍数を見分ける方法は、余りの部分の文字式を読み取れば分かる**ということに気付かせるために有効です。

授業のまとめとして、ロイロノート・スクールに振り返りを記入して提出箱に提出します。

考えがまとまらなかったグループも、発表を聞き、共有されている各グループの説明を見ることで、新たな発見をしたり、自グループの説明を修正したりすることができます。

ICTを活用することで、短時間で全員の回答を確認し、仲間の考えを共有することができるため、生徒が主体的に参加するというスタイルが容易に展開できます。また、学びを蓄積することで、再現性の高い履歴となり、新たな課題に取り組むときの手がかりとなります。特に、グループ活動後の振り返りに有効です。ホワイトボードに考えをまとめると、それをノートに写したり、画像を印刷したりと、記録に残すことが大変でした。ICTを利用すると、それが容易になり、いつでも手元で振り返ることができます。

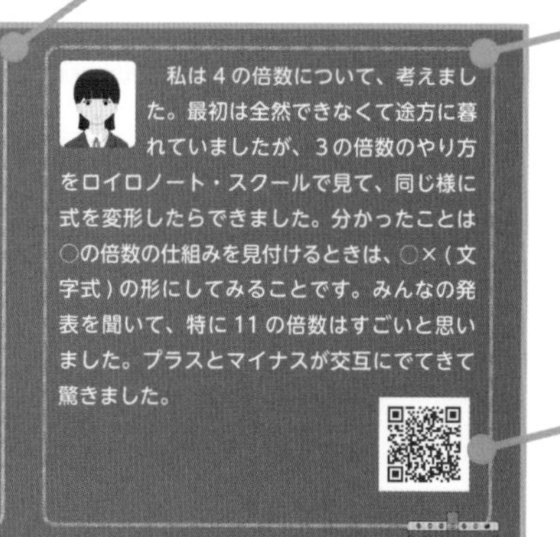

私は4の倍数について、考えました。最初は全然できなくて途方に暮れていましたが、3の倍数のやり方をロイロノート・スクールで見て、同じ様に式を変形したらできました。分かったことは○の倍数の仕組みを見付けるときは、○×（文字式）の形にしてみることです。みんなの発表を聞いて、特に11の倍数はすごいと思いました。プラスとマイナスが交互にでてきて驚きました。

ふぞくま枠

授業者として大切にしたい
学習活動の留意点
※**太字**→特に大切なポイント

黄枠（教師）

授業者として大切にしたいこと

- ICT活用による教科の学びの深まり
- 主体的・対話的で深い学びの実現に向けた留意点

ピンク枠（生徒）

生徒の振り返りや感想

- 課題解決のためにどのように見方・考え方を働かせたか
- 学びの結果を受けて次回以降の目標　など

QRコード

- 授業の様子（動画、画像）
- 生徒の成果物
- 評価ルーブリック　など

国語科

説明的な文章を読み、書き手の工夫を見付けよう【第２学年】

～プレゼンテーションの共同制作機能を用いた読みの学習～

説明的な文章を読み、文章の構成や展開、表現の仕方について、どのような工夫と効果があるのかを考えて、グループで発表する活動を行います。Keynote の共同制作機能を使い、それぞれの考えの根拠となる段落や部分を具体的に示しながらスライドにまとめていく活動を通して、文章の構成や展開、表現の仕方について考えをまとめる力を身に付けることをねらいとします。（全４時間）

１時間目

説明的な文章を通読し、初読の感想をロイロノート・スクールの提出箱に提出します。**仲間が書いた感想を読み、異なる考えに触れることで、作品への興味・関心を高めます。**

次に、Safari や国語辞典を使って新出漢字や語句を調べ、ワークシートに書き込みます。

初読の感想を書き込むシートは、「おもしろかったこと」「疑問に思ったこと」といった項目を設定します。回答共有機能で**即時に仲間の感想を読み合うことで、興味・関心が高まるだけでなく、同じ疑問をもつことで問題意識が明確になります。**

▲回答共有機能をかけた生徒の感想

２時間目

文章を要約することを目的として作品に関するＱ（質問）とＡ（答え）をできるだけ多くロイロノート・スクールのカードに書きます。

次に、「Q&A」カードを４人のグループの中で紹介し合います。ロイロノート・スクールの**生徒間通信機能で互いのカードを送り合い、自分の「Q&A」カードを更に増やしていきます。**

最後に、グループで大事だと思う順番に「Q&A」カードを並べ替え、理由を添えて提出します。

「Q&A」カードを重要度に応じて並び替えることで、**言葉や表現にこだわって読むことができ、中心的な部分と付加的な部分を読み分けていくことが期待**できます。

単純な一問一答の「Q&A」ではなく、「『なぜ』から始めてＱ（質問）を考えよう」と促すことで、**生徒は本文を精読し、内容を深く理解していくことが期待**できます。

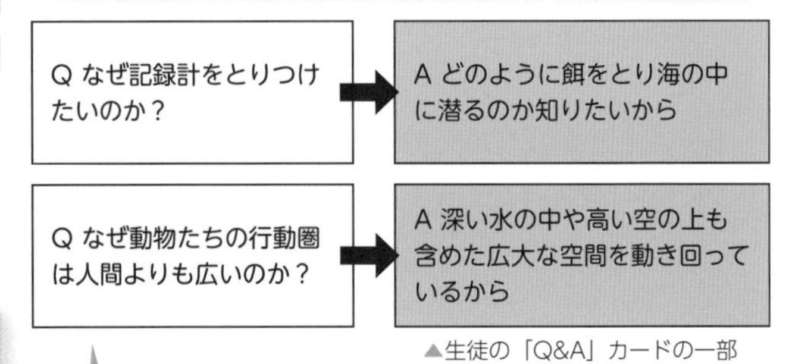

▲生徒の「Q&A」カードの一部

文章をよく読んで「Q&A」を作ったり、仲間と「Q&A」カードを送り合ったりすることで自分のオリジナル「Q&A 集」が出来上がりました。「Q&A 集」を読み返すことで、作品の内容がよく分かります！

3時間目

「読者に分かりやすく説明するための工夫や効果」について、グループでプレゼンテーションスライドを作成します。共同制作機能を使い、それぞれの考えの**根拠となる段落や部分について、仲間と話し合いながら、**聞き手を意識したスライド作りを進めます。

授業の初めにプレゼンテーションの評価ルーブリックを示し、**「目指すプレゼンテーションの姿」を明確にすることが大切**です。

「問い」、「事実」、「答え」など段落ごとに役割があるね。

接続語や指示語を使って段落同士につながりをもたせているのも工夫の一つだね。

工夫5：事実→新しい事実→答え→問い

効果

新たな問いや疑問を見つけることで、読者が作品にのめり込む効果が考えられる！

具体例（根拠）

P43～

「エンペラーペンギンの最大深度は～という記録が残っている」（事実）

「ペンギンは本当に～できるのだろうか」（問い）

P44～

「ほとんどの潜水が～越えていなかった」（事実）（答え）

「なぜ、ペンギンは深く潜らないのだろうか」（問い）

②接続語の使い方

「では」「さて」

この二つの接続語は前の事、話題などを用いてその後の状況を変え、より詳しく、わかりやすく読者に話の内容を伝えているのだと思う。

・写真やグラフを使って読者に視覚的に情報を伝えている。

だからどう感じる？

文章だけでは言い表せない情報がわかりやすく伝えられる。

▲制作したスライドの例

4時間目

前時に示した評価ルーブリックを再度提示し、Google フォームでグループ同士で相互評価しながらプレゼンテーションを行います。

プレゼンテーション後は、評価結果や他のグループからもらった感想を読み、学習の振り返りを行います。振り返りは、**次の学習につなげることができるよう、ロイロノート・スクールの提出箱に提出し、デジタルポートフォリオとして蓄積**していきます。

振り返りには、**汎用的に説明的な文章を読んだり、説得力のある文章を書いたりできるよう、「今後生かしていきたい知識・技能」という項目を設けることが大切**です。

「生物が記録する科学」を学習しての感想

ペンギンの生態を、実験のデータなどの事実をもとに多様な視点で、考察したり、身近なものと、比較したりして、とても説得力のある文章だと思った。事実を示して、これから述べる内容に軽く触れてから、問いを示し、新しい事実を示して、問いに答えていくという展開で、とても読みやすく、理解しやすい文章だった。問いかけをたくさんして、読者に興味、関心を抱かせるなどの工夫もされていて、今後、プレゼンを作っていく時の生かすべき視点がたくさん得られた。

バイオギングの可能性について述べた最後の段落は、見えないだけや、アイスプラネットとつながっていて、面白いと思った。

他の説明文を読むとき、または自分が文章を書くときやプレゼンを作るときに生かしていきたいこと

・説明する内容にもよるが、研究や実験について記述するときは、文章に正確性を加えるため、具体的な数字を入れるということ

・文章に対して読者に興味、関心を抱いてもらえるように、深く考えさせられるように、問いかけをすること。

・文章の構成をわかりやすくするために、序論、本論、結論を意識すること。

・話をわかりやすく展開するために、事実や話題を示し、これから話す内容に少し触れてから、問い→答え→新たな問いという構成にすること。

▲生徒の振り返り

ICT を活用することで意見の共有が容易にできたり、調べ学習の効率が上がったりと円滑に授業を進めることができます。そうすることで、文章を精読して、構成の工夫や効果について仲間と話し合って考える時間が生まれます。単調になりがちな説明文学習が、主体的・対話的で深い学びへと変容します。

共同制作機能を使ってのプレゼンテーション作りでは、仲間と根拠を考えながら楽しくスライドを作ることができました。相手に分かりやすく説得力のあるプレゼンにするために、教科書をよく読んで根拠を考えました。相手がいるからこそ、より言葉に着目し、言葉を吟味して活動できました。

国語科

究極の 17 音を精選しよう【第 3 学年】

～言葉のイメージ化とシンキングツールを使った思考の拡散と収束～

教科書から学んだ知識を生かして創作した俳句を仲間と批評し合い、推敲しながら言葉を練りあげていきます。シンキングツールを用いて批評し合います。アプリを用いて創作した俳句のイメージを表現したり、ロイロノート・スクールのシンキングツールを使って批評し合ったりする中で、言葉が醸し出す味わいを捉え、言語感覚を豊かにすることをねらいにします。(全 6 時間)

1、2 時間目

教科書を読み、**俳句の基礎知識や表現の工夫**など、学んだことをノートに記入します。

【俳句を鑑賞する視点】
季語 (季節)・切れ字 (句切れ)・表現技法・破調・情景

どのような視点で俳句を鑑賞すればよいかを示し、3 時間目につなげます。ここでの知識や視点は、俳句を創作する活動において重要です。また、俳句を大会に出品するといった、**目的意識**をもって創作することが大切です。

3、4 時間目

出品する大会で定められているテーマに沿って、俳句を創作します。俳句が完成したら、アプリを活用してイラストや写真など**「言葉以外で俳句に込めたイメージ」**を作成します。

俳句を創作する際、**『歳時記』を参照し、季語を意識しながら創作することが大切**です。創作した 17 音の言葉が、**自分の思い描いた映像や世界観を表現**できているかどうかをはかるために、イメージを作成することで、5 時間目の批評や推敲の活動につながります。

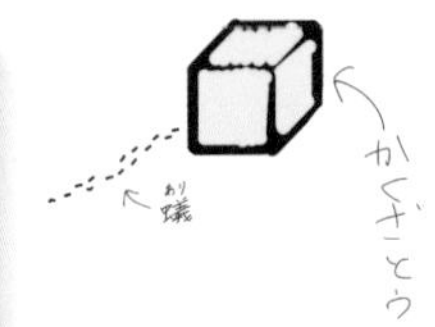

▲イラストで表現した生徒の作品「灼熱の生きる蟻と角砂糖」

5、6 時間目

ロイロノート・スクールのシンキングツールの情報分析チャートを使い、仲間の俳句を批評し合います。

①作者は、言葉のみで俳句を発表します。
②聞き手は、言葉のみのイメージや感想を記入します。
③作者は、言葉以外で表現したイメージを発表します。聞き手は、作者が表現したいイメージを、自分なりの受け止め方で感想を書きます。
④聞き手は、言葉と言葉以外の表現を聞いて、イメージしたことを、短い言葉でたくさん挙げます。
⑤聞き手は、自分のイメージを俳句にします。
カードに全ての内容を書き込んだら、生徒間通信を使い、作者に送ります。作者は、聞き手の批評を参考にして 17 音を推敲します。推敲前と推敲後でどのように 17 音が変わったかを振り返りシートに記入します。

この実践では「生」の漢字を俳句に入れます。

俳句の共有
言葉の拡散・精選
班員の俳句…灼熱の　生きる蟻と　角砂糖　①

鑑賞・比較
② 言葉のみのイメージ・感想
とても暑い夏の日に蟻が地面に落ちている角砂糖に群がってる様子。
草原？
体言止めで角砂糖が強調されている。

③ 言葉以外も含めたイメージ・感想
暑い夏の日に、群がっている蟻たちの中に角砂糖を一つ置いたら、蟻たちが一列になって必死に運ぼうとしている様子。

拡散
④ 自分がイメージした映像や瞬間を短い言葉で表すと(たくさん挙げよう)
急げ！　角砂糖が一つ　ポツン　蟻　運ぶ

精選
⑤ 自分が俳句を作るとするとこうなった(アドバイス)
角砂糖　灼熱の下　生きる蟻

②と③を比較して読むことで、**作者の選んだ言葉がもたらす表現の効果と、作者が表現しようとした映像や世界観の差異**に気付くことができます。④は、**表現するために必要な語句を増やすこと**をねらいとし、作者に様々な言葉の中から、自分が表現しようとしている言葉に近いものを取捨選択する場とします。⑤は**思考を収束させ、さらに言葉を精選**することをねらいとしています。

情報分析チャートを使うことで、**思考の流れを構造化し、可視化**することができます。①〜③で鑑賞した内容を踏まえ、④と⑤で批評するという学習活動を仕組むことで、**対象と言葉、言葉と言葉の関係を、言葉の意味、働き、使い方に着目して捉えること**が期待できます。

蟻がたくさんいて、協力して砂糖を運んでいる様子を表現したいけれど、17音の中に表現しきれずに困っています。

みんなの俳句を見ると、同じ「生」という漢字を使うテーマでも、様々な使われ方や発想があって、参考になります。

振り返りシート

最初に作った俳句…灼熱の　生きる蟻と　角砂糖（１６音）
推敲後の俳句…蟻の列　一生分の　角砂糖（１７音）

友達の意見を聞く前と、聞いた後では、どのように考えが変わりましたか？
また、自分が作った俳句の工夫した点も書いてください。

考え	工夫
はじめは自分の体験談に併せて記憶を探って作りましたが、自分のイメージと班員のイメージが異なっていました。最初の俳句は暑い中に蟻と角砂糖があるだけで、蟻の集団行動感が出ませんでした。そこで、Safariを使って調べてみたら、「蟻」一字で夏の季語になることがわかり、「蟻の列」としました。そのおかげで、蟻がたくさんいるということが伝わりやすくなったと思います。	⑴「蟻」と「角砂糖」は人間から見たら小さいけれど、「一生分の角砂糖」とすることで、とても大きいと感じさせることができ、小さな蟻と大きな角砂糖を対比させました。⑵「蟻の列」とすることで、たくさんいることを表現しました。

ロイロノート・スクールに提出したシンキングツールや振り返りシートは、共有をかけることで話し合いに参加していた人以外も見ることができます。**思考の流れが可視化**されているため、話し合いに参加していなくても、読むだけで**学びを共有**することができます。

ICTを活用することで自分の考えを言葉だけでなく様々な方法で表現できたり、主張のやり取りが容易なため主体的な話し合い活動の場が増えたりします。また、学んだ知識を保存し、いつでも引き出すことができるため、単元に応じて既習事項を思い出しながら、らせん的・反復的に学習することが可能になります。

最初は俳句が全然思い浮かばなかったのですが、Safariを使って類義語を調べたり歳時記を調べたりしているうちに、いくつか俳句を創作することができました。シンキングツールを使い仲間と共有する場面では、グループのみんなからたくさんのアドバイスをもらい、より自分が表現したかった俳句を創作することができました。

社会科

インドネシアはどこを首都にすべきか【第１学年】

～Google Earth の活用を通して～

インドネシアの首都移転問題を地理や経済、環境、人口の視点から考察します。Google Earth の3Dマップを活用することで地形や自然環境について、より具体的にイメージすることができます。移転候補地の状況を捉えることで移転することによって発生するメリットとデメリットを予想することができます。インドネシアの首都移転問題を位置や地形、自然環境といった地理的な見方・考え方を働かせ、考察する生徒の姿を目指します。（全２時間）

１時間目

アジア州全体の自然環境や人口、国名を調べます。次の時間に扱うインドネシアを調べることを課題とします。

首都移転案のあるインドネシアを取り上げることで社会的論争問題に目を向けることができます。

２時間目　導入

前時に示された「**Safari でインドネシアの情報を調べる**」という課題について、発表します。仲間が発表した内容をノートにまとめます。

次に地図帳でインドネシアの位置を探し、白地図に国名を記入し、**地図上の位置や島国であることを確認します。**

【生徒が発表したインドネシアの情報】
人口2億６千万人（世界4位）1万７千の島
島国　洪水が多い　世界最大のイスラム教国
首都ジャカルタ（人口950万人）
首都圏3000万人　大統領ジョコ・ウィドド
日本との時差2時間　ナシゴレン　など

インドネシアを地図帳で探すことで情報を絞り、**地球上の位置や島国であることを明確に捉える**ことができます。

地図帳で国の位置を確認する生徒▶

２時間目　展開１

導入での仲間の発表を基にインドネシアの抱える問題は何かを考えます。**島国であり、人口が多いことと地球温暖化や都市問題があること**を関連付けます。そこで解決策として、2019年に大統領から首都移転案が出されたことを確認します。

Google Earth を活用し、**位置や地形に着目して**、3Dマップを見ながらメリットやデメリットを確認します。その上で Safari を活用し、**経済や人口といった視点**から情報を調べ、候補地を絞ります。

Google Earth の3Dマップを見ることで、**候補地と海との距離や山地の位置、標高を具体的にイメージすること**ができます。それ以外の情報を補うためにSafari ではインドネシアの各都市の情報に絞って調べるように伝えます。

鳥が見ている景色を見ています。3Dマップを見ることで地形が立体的でよく分かります。

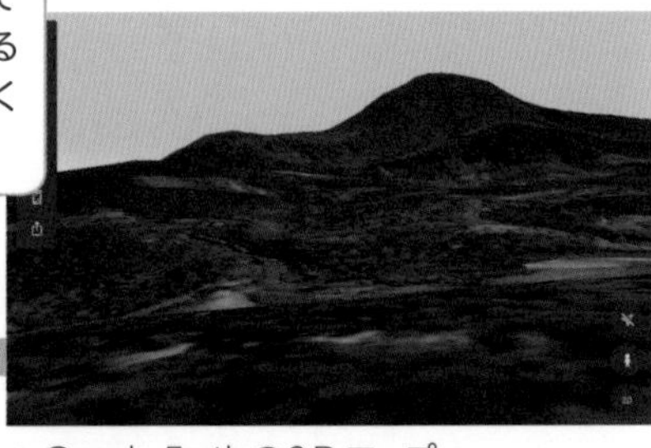
▲Google Earth の3Dマップ

2時間目　展開２

４人のグループとなり、仲間に自分が選んだ候補地を発表し理由を説明します。仲間の意見を聞き、**地理や経済、環境、人口といった視点**を知り、考えを深めます。グループで選択した意見をホワイトボードに書き、学級内の仲間に発表します。

【ホワイトボードに書かれたグループの意見の一部】
プルウォダディ：海にあまり近くないので沈む心配がない。
　　　　　　　　海と都市の間に山があるから。
バンドン　　　：都市である。比較的涼しく過ごしやすい。
バリクパパン　：海にも近く交通や貿易OK。

▲グループで発表し合う生徒

仲間からの意見を基にGoogle Earthを確認することで**地理や経済、環境、人口といった視点**に対して、以下のような具体的なイメージをもつことができます。

例	メリット	⇄	デメリット
標高が高い	：浸水の危険が少ない	⇄	貿易に不向き
人口が少ない	：都市問題の解消	⇄	オランウータンなどの生息地

▲ Google Earth 上の候補地の位置

2時間目　終末

今日の授業で分かったことや気付いたこと、思ったことをロイロノート・スクールの提出箱に提出します。

振り返りはロイロノート・スクールを活用し、仲間と感想を共有することで学んだことを整理し、深めることができます。この学習で習得した**地理的な見方・考え方**を他の学習に生かすことで学びのサイクルを回すことができます。

～感想～
インドネシアには色々な課題があり、驚きました。海抜０mで沈んだりしていることで首都を変えようとしています。カリマンタン島にしようという話が昔からあったそうです。しかし、カリマンタン島は自然豊かでオランウータンが生息しているので移転が決まりません。これはとても重要な話だと思いました。
私たちの班も「カリマンタン島のバリクパパンがいいよね」という話をしていたのですが他の班の発表を聞いて、この問題は難しいことを改めて知りました。大統領大変そうですね

今日の授業の感想
インドネシアの首都候補を見付けました。Google Earthで実際にその土地に行った気分になりました。また、他の班の首都の選び方も面白くて、とても勉強になりました。

今日、学んだインドネシアの問題は、インドネシアに限ったことではなく、他の国でも同じことがいえます。首都を移転することで色々な問題が重なって大変だと思いました。

今日の社会の授業では、インドネシアの首都移転について考えました。人口が多いことや海抜０mで海に近かったりして、たくさんの問題があることが分かりました。どうしてそうなるかは分からないけど、地球温暖化が原因の一つなら、それが深刻な問題なのだと改めて感じました。

▲生徒がロイロノート・スクールで提出した感想の一部

生徒が首都移転問題を考えるためにICTを活用すると位置や地形、自然環境といった地理的な見方・考え方を働かせ、移転候補地の状況を具体的に認識することができます。首都移転は歴史的に何度も行われてきたことです。第二次世界大戦後は、ブラジルが内陸部の発展を目的にブラジリアに移転させています。このような見方・考え方は歴史の授業の遷都や日本の人口問題との関連が深く、社会科の学習を行う上で汎用性の高い学習です。

私の意見は自然環境の面が優先でした。Google Earthを使うことで実際に調べた所の様子が分かるので具体的なイメージができてよいです。
また、仲間は違った経済的な視点で首都の位置を選択していて「なるほど」と思いました。学級のみんなでインドネシアの政治に関われた感じがして楽しかったです。

数学科

垂直二等分線はどんなことに活用できる？【第１学年】

～ GeoGebra を用いたボロノイ図の作成～

定規とコンパスを用いた作図で垂直二等分線の概念を習得した上で、二等分線の考えを用いたボロノイ図（点がいくつか与えられたとき、どの点に一番近いかによって平面を分割した図）を作成します。その上で、GeoGebra を用いて点を自由に動かしながら、身近な地域の建物の立地を数学的に考察することで、数学の実用性やよさに気付くことを目指します。（全６時間）

１～４時間目

「二つのガソリンスタンドから等しい距離にある場所はどこか」という視点で、地図上の二つのガソリンスタンドのどちらに近いかで分けた境界線を引き、**境界線（垂直二等分線）が、２点から等距離にある点の集まりであることを確認します。**その後「三つのガソリンスタンドでは、どこに一番近いかで分けた境界線はどのような形になるか」「四つだったら」と点の数を増やし、垂直二等分線のもつ意味を考えながら定規とコンパスを用いて境界線を作図をします。かいた図はロイロノート・スクールの提出箱に提出し、回答共有機能で仲間の考えと比較しながら、点の位置と境界線の形について確認します。

三つ以上の点を基に境界線をかくとき、２点からの垂直二等分線はかけても「どこが境界線になるか」を判断するのは難しいです。特に、４点を基にかいた境界線は、**４点の位置によって形が様々に変わる**ので、多様な考えが生まれます。生徒が**実際に手を動かし、コンパスと定規を使って作図しながら必要な線、不必要な線はどれかを考えること**を大切にします。

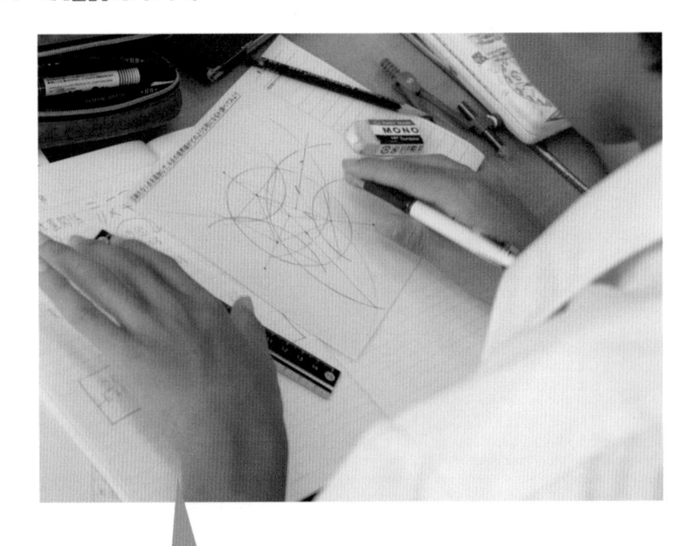

点が増えると境界線の形が複雑になる。どの線を境界線にすればよいだろうか？

５、６時間目

自分たちが住む地域の地図を基に、各自が決めたテーマで「最寄りの〇〇〇マップ」（ある地点における一番近い〇〇〇はどこかが分かる地図）を作成します。まずは、実際の建物の立地について調べるため、GeoGebra を用いてボロノイ図をかく方法を確認します。

GeoGebra を使うと、コマンドを入力するだけで簡単に境界線が引けます。様々な位置に点をとったときの境界線の形を調べることができ、その変化する形を見ることで前時までの学習内容の**理解が深まっていくことが期待**できます。

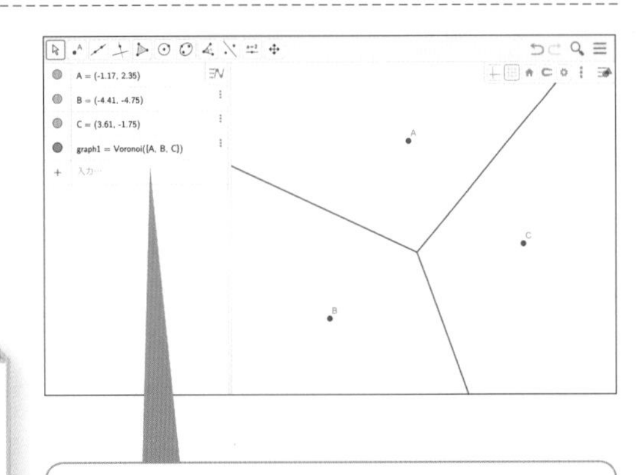

例えば、[Voronoi (A,B,C)] と入力すれば、３点A,B,C から等しい距離にある境界線が一瞬でかける！

実際の建物の立地をボロノイ図で表すことができたら、次に「もし、新たに１点を追加するとしたらどこに点をとるか」を考え、点を追加します。追加した点を iPad 上で動かし、**ボロノイ図が変化していく様子を観察しながら大きさや形、長さなどに注目**して、自分が最もよいと思う位置を決定します。そして、実際のバス停の位置で作った地図（Before）と、１点を追加した地図（After）をロイロノート・スクールの提出箱に提出し、仲間の考えた最寄りの○○○マップについてお互いに意見を伝え合います。**iPad 上で点を動かすことで、様々に変化する図形の不思議さやおもしろさを感じるとともに、数学を実生活で活用するよさを実感**できます。

生徒は、コンビニや郵便局、中学校、駅、交番など、自分が決めたテーマでボロノイ図を作成し、その図の形や大きさなどの特徴に注目しました。面積のアンバランスさを解消しようとしたり、整った形にしようとしたりして、**追加する１点の位置を、自分なりの根拠をもって決定しました**。人口や住宅数、道路や河川の位置など、社会的な要因にも注目すると、社会科や総合的な学習の時間などの他教科の見方・考え方を働かせることもできます。

生徒が作成した最寄りのバス停マップ

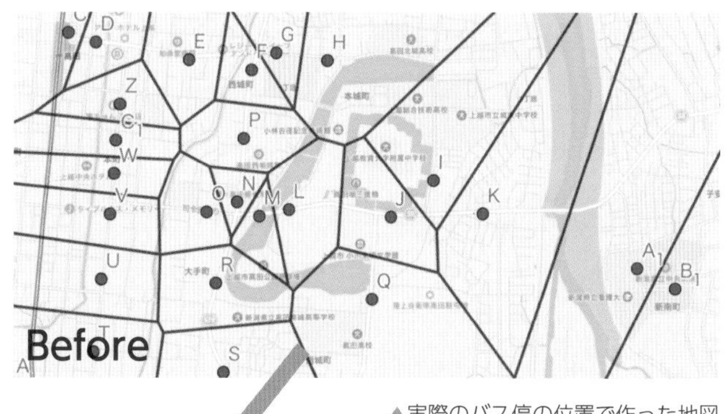

▲実際のバス停の位置で作った地図

After

ここに新たな点をとった理由は、川沿いの所にはほとんどバス停がないので、そこにあるとバランスがよく、その近くの人が便利になると思ったからです。

▲１点を追加した地図

ICT を活用することで制作した図を動かすことができ、図を動的に考察することができます。定規とコンパスの作図では図をかいたら終わりになるところを、生徒は更に点を増やしたり、増やした点を動かしたりしながら新たな図の形を考えることで、実生活で数学が活用できることに気付くことができました。

自分でかこうとすれば何時間も掛かってしまうような図形も、アプリを使うことですぐにできるのがとても便利だと思いました。最寄りマップの形にすると、建物の位置は均等ではなく、面積や形がバラバラになっていることがとてもよく分かりました。自分がお店を出店するときなどに役に立ちそうだと思いました。

数学科 

倍数を見分ける仕組みを見付けよう【第２学年】

～ロイロノート・スクールで振り返りを蓄積し、その考えを共有する～

具体例から倍数を見分ける仕組みを帰納的に見いだし、それらがいつでも成り立つことを文字を利用して演繹的に説明します。ロイロノート・スクールに、その結果や解決の過程を記録し、それを利用して、新たな別の倍数の見分け方を見いだします。また、見いだした式を読み取って倍数の見分け方を理解することをねらいとします。（全３時間）

１時間目

2303	1220	1024	1218	1013
2019	8917	6666	2335	1708
1162	8632	1795	2006	1278
2315	9225	5959	3403	2005
8251	1234	1109	1260	2313

４桁の数を一つカードに書いてロイロノート・スクールの提出箱に提出します。モニターに映し出された学級全員の**４桁の数の中から、３の倍数を探します。**

３の倍数を見付ける速さを生徒と競う場を設定することで、３の倍数を見付けることへの興味が高まります。

３の倍数を見分ける方法があることに気付き、なぜその方法で見分けられるのかをグループで考えて発表し、説明します。

学級全員分の提出した数を即時に比較することができるため、**３の倍数の仕組みを予想**しやすくなり、**課題解決への意欲が高まります。**

偶数の説明をしたときは、２×（文字式）の形にしたから、３の倍数も３×（文字式）の形にしてみよう。

各位の数の和が３の倍数になると、もとの４桁の数も３の倍数になることを文字を利用して説明します。グループの考えをホワイトボードにまとめ、そのまとめた内容を撮影し、ロイロノート・スクールの提出箱に振り返りとともに提出します。

２時間目

３以外の倍数を見分ける方法を考えます。自分で見分けたい倍数を選び、個人で考えます。このとき、**解決の手掛かりとして、前時の３の倍数の説明方法**をロイロノート・スクールに残した前時の振り返りを見直して確認します。

３の倍数の説明をしたときは、３×（文字式）の形に変形した。

ロイロノート・スクールを使って、自分が見分けたい数を書いたカードを提出します。同じように仲間が提出したカードを回答共有機能で確認し、同じ数を選んだ者同士でグループを作ります。ホワイトボードやロイロノート・スクールのカードに**考えを書き入れながら、説明を練り上げます。**

みんなはどんな数の倍数を考えているのかな？同じ数を選んだ人はいるかな？

個人思考の時間を確保したのちに、グループで相談する時間を設定します。**「ここまで考えたけど分からなかった」と伝える**ことも大切です。

3時間目

グループで考えた倍数の見分け方を**分かりやすく他のグループに伝えます。**発表するときは、考えをまとめたホワイトボードの画像やロイロノート・スクールのカードをモニターに映し、説明します。

4の倍数は下2桁の数が4の倍数になれば、もとの数も4の倍数になります！

生徒は仲間の説明を聞きながら、自分のタブレット端末で大切だと思う部分にその都度、色付きの下線を引いて強調することができます。**倍数を見分ける方法は、余りの部分の文字式を読み取れば分かる**ということに気付かせるために有効です。

十の位の2倍に一の位をたした数が4の倍数でも、もとの数は4の倍数です！

《4の倍数》

前提条件

$2c+d=4n$

a，b，c，dは整数である。

式）$1000a+100b+10c+d$

$=4(250a+25b+2c)+(2c+d)$

$=4(250a+25b+2c+n)$　4の倍数

授業のまとめとして、ロイロノート・スクールに振り返りを記入して提出箱に提出します。

考えがまとまらなかったグループも、発表を聞き、共有されている各グループの説明を見ることで、**新たな発見をしたり、自グループの説明を修正したり**することができます。

ICTを活用することで、短時間で全員の回答を確認し、仲間の考えを共有することができるため、生徒が主体的に参加するというスタイルが容易に展開できます。また、学びを蓄積することで、再現性の高い履歴となり、新たな課題に取り組むときの手掛かりとなります。特に、グループ活動後の振り返りに有効です。ホワイトボードに考えをまとめると、それをノートに写したり、画像を印刷したりと、記録に残すことが大変でした。ICTを利用すると、それが容易になり、いつでも手元で振り返ることができます。

私は4の倍数について、考えました。最初は全然できなくて途方に暮れていましたが、3の倍数のやり方をロイロノート・スクールで見て、同じ様に式を変形したらできました。分かったことは○の倍数の仕組みを見付けるときは、○×（文字式）の形にしてみることです。みんなの発表を聞いて、特に11の倍数はすごいと思いました。プラスとマイナスが交互にできて驚きました。

理科

FZK(ふぞく)お天気チャンネル【第２学年】

～オリジナル天気予報番組を発信し、その価値を評価し合おう～

数日後に修学旅行で訪問する沖縄と上越を比較しながら天気を予想し、オリジナル天気予報番組を制作します。天気予報番組として、視聴者への相手意識を大切に、分かりやすく説明するパフォーマンス課題です。日本の天気の変化を大気の動き、海洋の影響と関連付けながら総合的に見て予想し、生活情報として生かすことを目指します。（全10時間）

Step1

気象データの読み方等の基礎を習得します。**霧や雲の発生や前線と天気の関係などを実験・観察**で確かめます。

自分のペースで単元内の学習を進めることができるよう、iTunes U のコースを開設しています。

▲ iTunes U コースへの登録はこちらから

Step2

実際に、**天気図や気象衛星画像等の各種データを Web から収集・閲覧**し、日本の各地の天気を予想します。膨大なデータの中から、天気を予想する**科学的な根拠となる情報を取捨選択**して集め、天気予報番組制作の素材とします。

【生徒が活用したサービスの例】
・気象庁アメダス　・Windy.com
・国土地理院地図　・気象庁過去のデータ
・各種天気予報アプリ・各種天気予報番組等

NHK for School のクリップ「気象情報を放送するまで」を視聴して、**気象予報士の仕事内容やコメントも参考にします。**

Step3

パフォーマンス課題として、グループで**オリジナルの天気予報番組を制作**します。テーマは、以下のとおりです。

・役割：FZK 放送局のスタッフとして
・期間：**3月9日～12日**（※修学旅行の期間）
　春の特徴的な天気の変化を予想する
・地域：**沖縄県と新潟県上越市を比較**して
・番組：２分～３分程度のコンテンツとする
・相手：対象とする視聴者を設定する

各グループでは、対象とする視聴者を想定したテーマを設定し、**科学的な根拠を分かりやすく視覚的に表現する**ことに挑戦します。AI が天気を伝えるのではなく、人間が伝えることの意味や付加価値を考え、個性豊かな番組を制作します。

過去の天気図を参考にして、２地点・４日間の天気を予想しました。Keynote を使ってオリジナル予報番組の背景に入れる画像を作っています。

キャスターが読む原稿を書いています。シンプルに分かりやすく伝わるように、Pages で何度も修正しました。用語の意味も調べ直しました。

作った映像を背景として合成するため、グリーンバックを活用しました。キャスターはプロンプターに表示された原稿を見ながら話しています。

パフォーマンス課題における毎時間の評価については、ルーブリックを基にした自己評価・相互評価を行います。

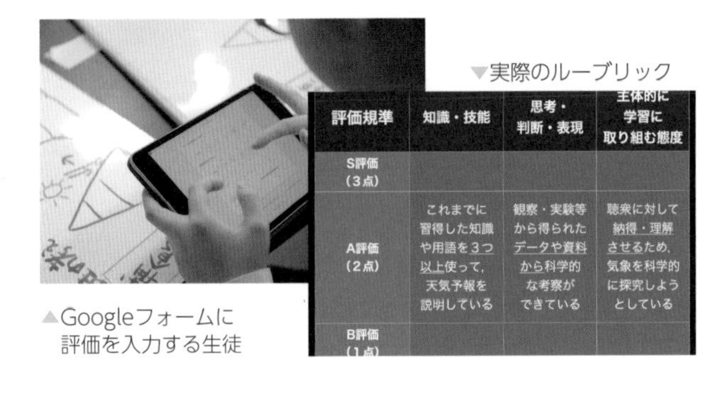

▼実際のルーブリック

評価規準	知識・技能	思考・判断・表現	主体的に学習に取り組む態度
S評価（3点）			
A評価（2点）	これまでに習得した知識や用語を3つ以上使って，天気予報を説明している	観察・実験等から得られたデータや資料から科学的な考察ができている	聴衆に対して納得・理解させるため，気象を科学的に探究しようとしている
B評価（1点）			

▲Googleフォームに評価を入力する生徒

集めた情報を参考にして天気図を検討・修正しています。想定している視聴者に対して分かりやすい説明ができるよう、何度も試行錯誤しました。

◀生徒が制作した天気予報番組の例はこちらから

生徒の活動場所は理科室にとどまらず、**アイデア次第で廊下や屋外へとどんどん広がっていき**ます。グループの中で生徒は**分担して様々な活動を行って**います。異なる活動をしているため、**Google フォームに入力した相互評価の集計は、各自でいつでも閲覧できる**よう、専用の Google サイトを配付します。※右の QR コードから、本システムの一部のみ体験可能です。

Step4

制作した天気予報番組を公開し、他のグループから評価をもらうだけでなく、**Zoom を活用して他校の生徒や先生から視聴・評価してもらい**ます。

オンライン交流の様子と評価コメント▶

<他校からのコメント（一部抜粋）>
- 前線の動きから雨雲のでき方を予想していて、とても分かりやすい説明でした。
- 低気圧や高気圧の説明には立体的な図を使って表現していて、とてもよかった。
- 説明には根拠があり、春の天気の特徴をよく捉えていると感じました。

今回の実践では、北海道の私立高等学校の2年生70名と愛媛県の私立中学校2年生40名から参加してもらい、オンラインで交流をしました。ブレイクアウトセッションでは、**オリジナルの天気予報番組を見せ、その感想を聞き**ました。また、**Google フォームに評価を入力してもらい**ました。こちらも、自己評価・相互評価集計システムと同様に、Numbers を活用して**生徒個々の端末上でリアルタイムに結果が反映され、表示される**仕組みとなっています。

このように **ICT を活用すると、時間と場所の制約を緩和して、協働的な学習の広がりを促進する**ことができます。

iPad 等を活用した表現活動を行うと、言語的・論理的表現が苦手な生徒にも、理科の見方・考え方を発揮する機会が生まれました。生徒は、科学的な根拠を探す学習の中で、昨今の気象・火山災害といった地球規模の課題に問題意識を抱くようになりました。それらを日本の他地域の生徒とも情報交換しながら、気象から自然災害まで思考を広げることができました。

AI が天気を予想することはよいと思うけれど、発信するのは人間がよいと思います。AI が天気予報番組をやっても私はあまり引き付けられません。他の人に分かりやすく伝えるために、授業で得た知識を生かそうと工夫するというような、AI にはできない、人間にしかできないことが、「人間が番組の内容を考えて発信する価値」だと思います。

理科

生物が成長する仕組み【第３学年】

～体細胞分裂を観察し、細胞の変化と成長についてまとめよう～

生物に見られる成長の仕組みを、体細胞分裂の観察を基にまとめます。顕微鏡観察では、カメラ機能を使って撮影した写真に、分裂の段階を書き込んで記録を整理します。さらに、まとめとしてアニメーション（動きのある画）を制作することで、体細胞分裂の順序と仕組みを正しく理解することをねらいとします。（全５時間）

１時間目

２年生で学習した植物細胞と動物細胞を模式図で表し、**そのつくりを比較**します。

核の役割に注目できるよう、**細胞としての共通部分を確認する場を設定**します。

２時間目

観察の前に、教科書を参考にして細胞分裂に関する基本用語と細胞分裂の段階についてまとめます。それらを基に、**多細胞生物のからだは細胞が数をふやすことだけで成長するのかを予想**します。

・細胞分裂　・染色体
・形質　・遺伝子
・体細胞分裂

▲生徒がまとめた基本用語

分裂後、次の分裂が始まるまでに細胞が大きくなっていることも関係ありそうだ。

細胞分裂の段階を説明してから観察の活動を位置付けることで、**観察時の生徒の視点が明確になります。**

植物の根端成長点の顕微鏡観察で、**分裂の各段階の細胞を見付け、**記録します。

見えたものを写真に撮り、どの段階の細胞に当たるのか、写真に番号を書き込みます。

撮った写真を画面上で拡大することで、実際の顕微鏡の倍率より更に高倍率で観察することができます。

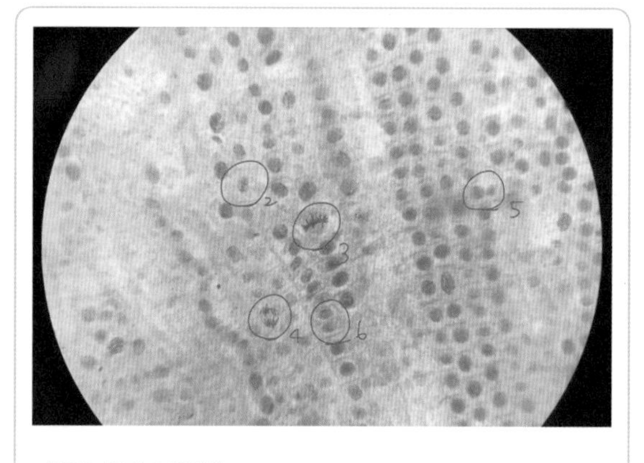

【細胞分裂の段階】

①核の中で染色体が複製される
②核が消えて染色体が見えるようになる
③染色体が中央付近に並ぶ
④染色体が両端に移動する
⑤染色体が消えて２個の核ができる
⑥細胞質が分かれて２個の細胞ができる

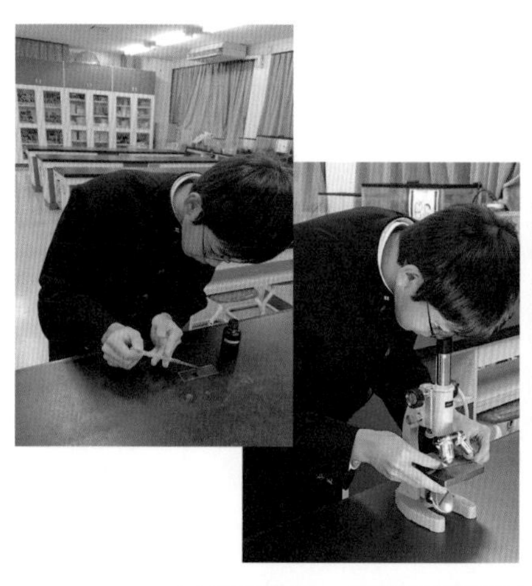

▲細胞を染色し、顕微鏡で観察する生徒

3時間目

細胞の変化と成長について、前時の記録や動画を基に、**植物細胞と動物細胞を比較して、細胞の変化と成長についてまとめます。**

NHK for School のクリップ「イモリの体細胞の観察」を視聴して、**動物の体細胞分裂を植物のものと比べ、共通点や相違点を探す**活動を位置付けます。どちらも先に染色体が、次に細胞質が分かれる様子から、染色体の役割に注目し、生殖の学習につなげます。

▲ NHK for School のクリップ

4、5時間目

学習のまとめとして**生物が成長する仕組みを説明するアニメーションを、個人又はグループで制作します。**

体細胞分裂で細胞の数をふやし、ふえた細胞がそれぞれ大きくなることで成長する。染色体や細胞を体で表現すると…

今回は、2時間でのまとめとしました。生徒の ICT スキルには個人差があるため、時間内で完成できるよう、個人又はグループでの制作としました。

アニメーションを制作することで、**時間的な視点で細胞分裂を捉える**ことができます。

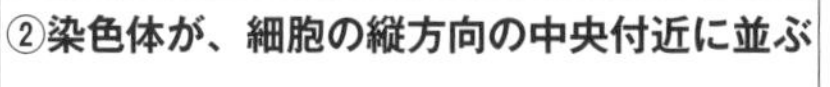

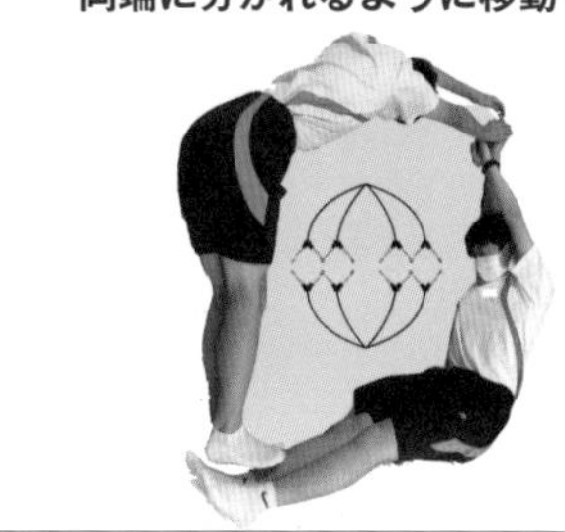

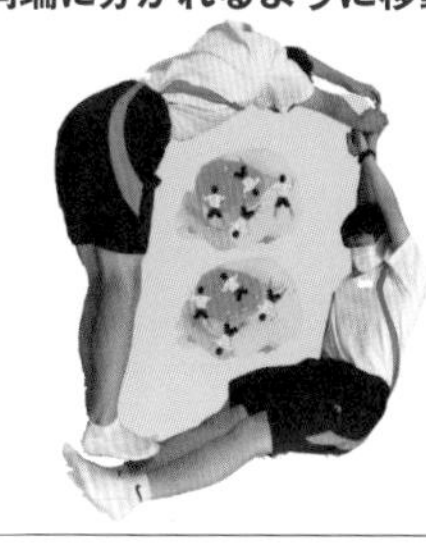

▲生徒が制作したアニメーションの一部

【アニメーションの評価規準】

体細胞分裂の過程、細胞分裂と生物の成長の関連について、基本的な概念を理解し、細胞が時間とともに変化していく様子を画の動きで表現している。（思考・表現）（知識・理解）*

＊観点別学習状況の評価の観点は、「関心・意欲・態度」「思考・表現」「技能」「知識・理解」の４観点です。

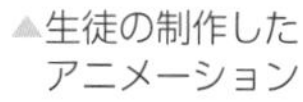

▲生徒の制作したアニメーション

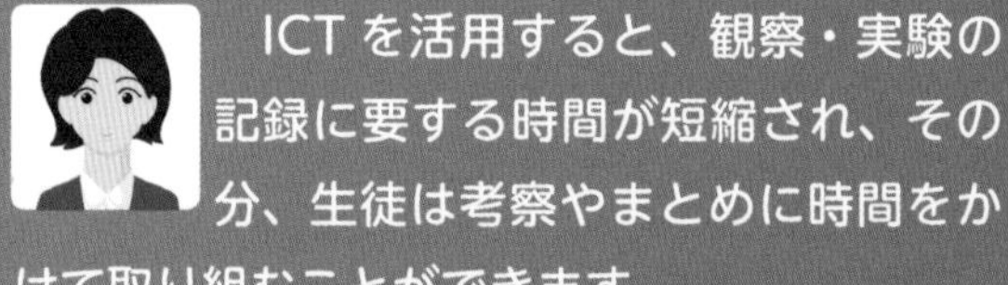

ICT を活用すると、観察・実験の記録に要する時間が短縮され、その分、生徒は考察やまとめに時間をかけて取り組むことができます。

また、生物の成長や季節による変化などの継続観察では、簡単に従来より多くの記録を蓄積できます。それらの記録を見返し、整理してまとめるという活動を通して、共通性・多様性、時間的・空間的な視点での見方や、比較する、関連付けるといった考え方が、豊かで確かなものになっていくことが期待できます。

体を使って細胞を表現したり、撮った写真に動きを設定したりすることで、時間の流れを意識して細胞分裂のまとめをすることができました。また、説明文やナレーションを入れることで、アニメーションに表せなかった成長する仕組みの細かい部分を補足できました。

音楽科

めざせ！イメージどおりの曲【第３学年】

～ GarageBand を活用して、オリジナルの曲をつくろう～

学校生活に彩りを加えるために、季節や学校行事に合わせて、校内放送で流す曲を創作します。季節や学校行事から連想するイメージを音や音楽にするために、GarageBand を活用して可視化された音楽の要素や曲の構造に変化を加えながらイメージに近づけていきます。仲間と意見交換し、思考を繰り返しながら曲の完成を目指します。（全４時間）

１時間目

どんな曲にしたいか、季節や学校行事から連想する音や様子など**曲のもとをイメージします。**

曲への**イメージ**は、音楽的な見方・考え方を発揮するための**大切なよりどころ**になります。

「秋」は暑い夏を過ぎて、ホッとする、気がゆるむ感じがするけど、実りの秋でもある。速度は、速い方が活気があって実りの秋っぽいけど、のんびりした感じも出してみよう。

２時間目

音楽的な思考を働かせて**曲のイメージを旋律や音色、リズムといった音楽の要素に置き換え、**それをもとに創作します。

生徒の考えたイメージを音楽の要素に置き換えた内容

秋のイメージ	感情や様子	音楽の要素
ちょうどよい気温	ゆったり ねむくなる	お散歩くらいの速さ、木琴、グロッケン
おいしいものが多い	ウキウキ明るい 食べ過ぎ注意	長調だけど、ちょっと暗い部分もある、ビート感少し
紅葉がきれい	おだやかな気分 深呼吸	ツリーチャイム、あまり跳躍のない旋律

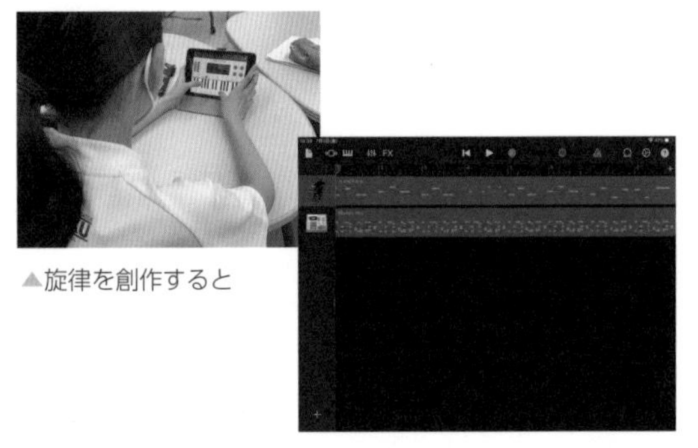
▲旋律を創作すると
▲楽譜に置き換わり、旋律が可視化されます。

音楽の構造にも意識して**反復、対照、変化なども創作に加えます。**

創作途中に何度も聴いて音の重なりがどのようになっているか確認します。

可視化された曲の構造を見ながら、創作途中の曲を聴き、修正をします。

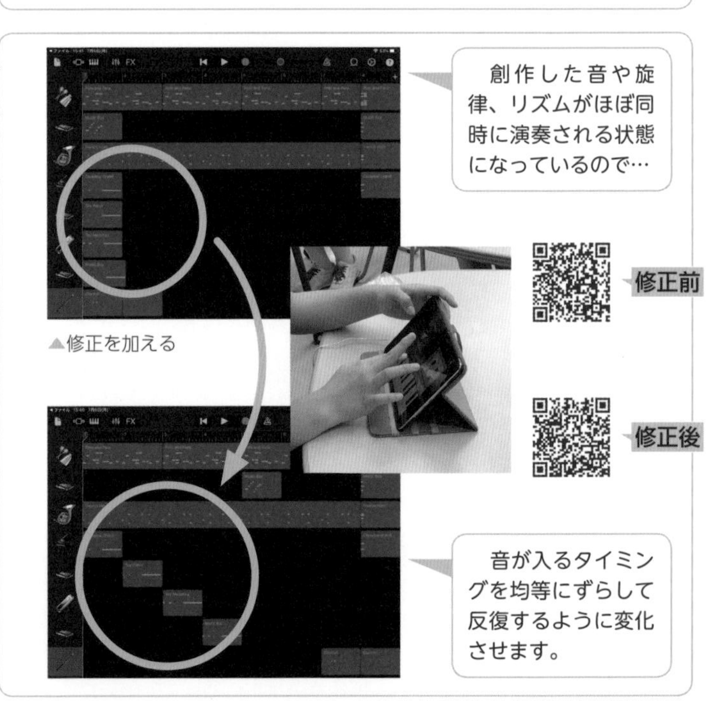

▲修正を加える

3時間目

自分の創作した曲の説明を伝え、イメージどおりになっているかを仲間と聴き合い、仲間からもらったアドバイスをもとに曲を修正します。

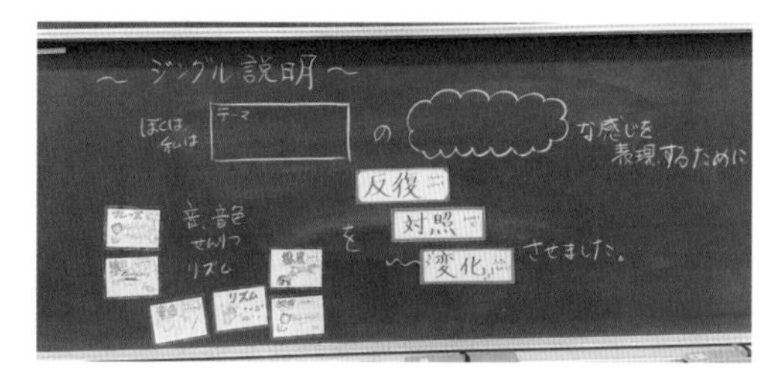

どのように雰囲気が変わるかを確かめながらさらに修正を加え、自分の納得のいく曲に仕上げていきます。

秋のおいしいものをうれしそうに食べる感じを表現するために、リズムを反復させてみたの。

もう少しリズムの音を増やすと、楽しそうな雰囲気になりそう。
ちょっと変えてみて。

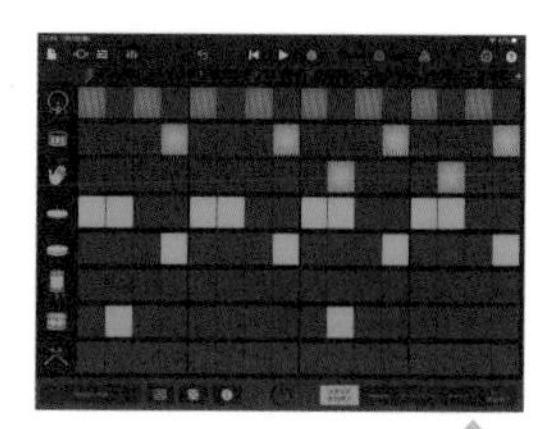

▲アドバイスをもとに修正する。

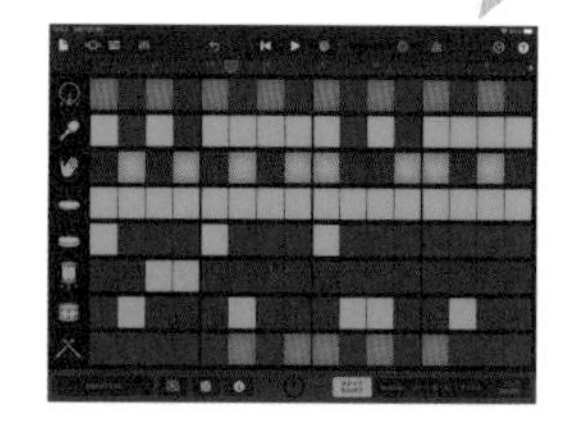

イメージを音楽の要素に置き換えて、創作した曲が相手にどんな雰囲気で伝わるのか、客観的に聴き合う機会を設定します。**生徒は互いに感じたことを伝え合い、もっとイメージに近づけるために音楽の要素をどのように修正したらよいか考えるところに、音楽の見方・考え方が発揮される**と考えます。

4時間目

完成した自分の作品をGarageBandの書き出し機能を使ってKeynoteやロイロノート・スクールに書き出します。書き出したデータは、ロイロノート・スクールの提出箱やAirDropで解説を付けて、提出します。

創作するに当たり、**イメージどおりにするために音楽の要素のどんな点を意識したかを説明することをとおして、イメージと音楽との結び付きに自分自身が気付きます。**また、自分で**創作に挑戦したことで、曲や作曲家に思いをはせることにつながる**ことを期待します。

生徒の作品の解説

私は11月の虫の声を使って曲にすることに挑戦しました。テーマは「たそがれスズムシ」です。私が工夫したところは二つあります。
一つ目は各音の大きさです。スズムシがテーマだったので一番大きくし、秋の虫であるスイッチョンも邪魔にならない程度で大きくしました。
二つ目はクラベスです。クラベスで秋の静けさを強調し、なると同時に空気が震える感じがして凛とした感じを表現しました。タイミングにも気をつけて、トライアングルと同時にしたりしました。

▲生徒の創作した曲

タブレット端末を活用すると、創作はとても手軽になります。「楽譜が読めなくても創作に取り組めるようにするには」「つくっている曲をすぐに聴いて確認できたらいいのに」という創作に関する授業の悩みが一気に解決します。まさに、劇的に学習活動が変わるのです。手軽に作曲できるからこそ、何のために創作活動をするのか、そして音楽の要素や共通事項を創作にどう生かすかといった「仕掛け」が大切です。この実践の場合は「校内放送で流す」ことと、「曲のイメージ」がそれに当たります。

実際に校内で自分の曲が流れたとき、照れつつもうれしそうな表情が見られ、また「先生、明日は誰の曲ですか」と他の学年の生徒も楽しみにしている様子がありました。作曲できる、表現できるうれしさを感じる経験は大切です。

美術科

個性豊かなマスクをデザインしよう【第３学年】

～描画・ペイント用ソフトウェア Autodesk SketchBook を使ったアイデアの可視化～

「個性的なマスク」をテーマに、マスク柄のデザイン制作を行います。生徒は、考えたデザインの構成を見直しながら、描画・ペイント用ソフトウェアを使用してアイデアを練り、作品を仕上げます。その後、ロイロノート・スクールを用いた作品画像の共有により相互鑑賞を行います。活動を通し、形の単純化や省略、強調などの創造的な工夫を凝らし、美術に対する見方や感じ方を深めることを目指します。（全３時間）

１時間目

制作意図に応じた表現方法の追究を目的として、Autodesk SketchBook を使ったマスクのデザイン構想を行います。描画・ペイントソフトを使い、画像や文字の配置の変更、色の変更、その他様々な効果を手軽に試し、多くの試行パターンの中から自分のイメージに合った構成要素を選びます。

レイヤー機能を使えば、別々の絵を簡単に合成し、それぞれを自由に編集することができます。レイヤーとは、例えるなら透明なシートです。そのシート上の絵を自由に変更し、重ねることで絵を作り上げます。生徒は、構成を考える際はレイヤー機能を有効に使うことで**アイデアを視覚化しながら考えることができ**、自分の表現したいものをより具体的に作り上げていくことが期待できます。制作に当たっては、知的財産権に関する説明も事前にすると良いでしょう。

Autodesk SketchBook を使った画像編集例

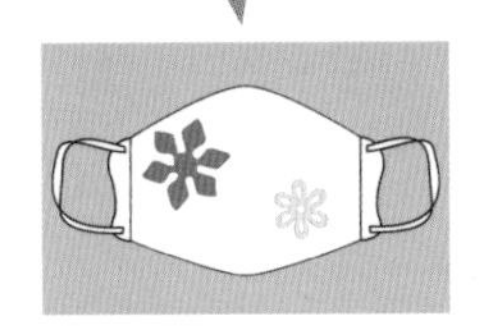

①柄は別々のレイヤーに描画する。

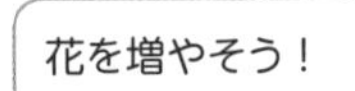

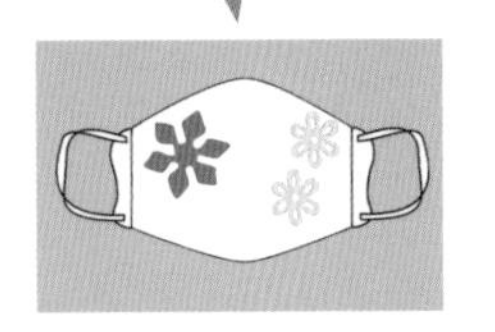

②レイヤーの複製機能で柄を増やす。

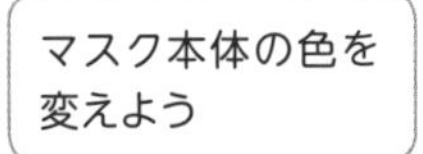

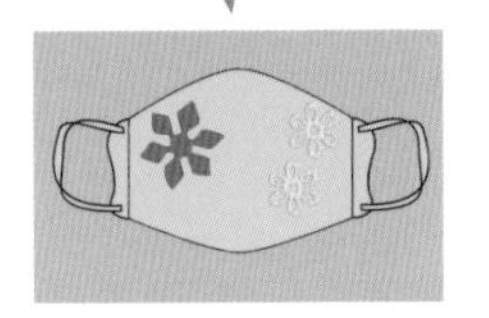

③塗り潰しツールで色を一括変更する。

もう一つの花は色も大きさも変えて、はみ出しちゃえ！

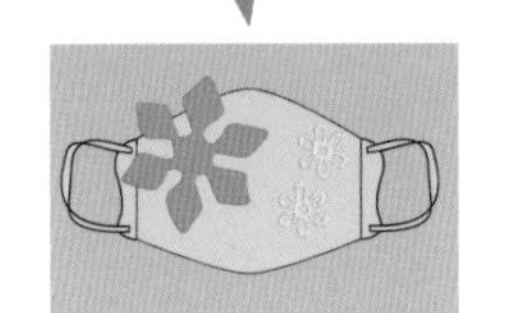

④大きさ・位置・角度を変更する。

はみ出た部分を消し、手描きの模様も入れて、完成！

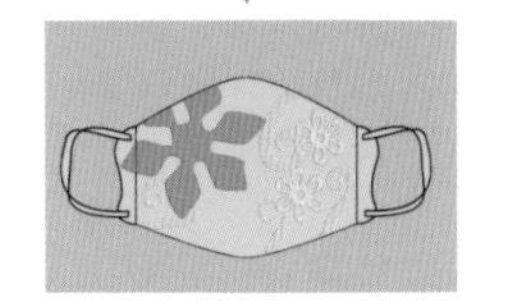

⑤領域選択で必要な部分のみ描画できる。

２時間目

アイデアをさらに具体化します。描画方法はネット上の素材を使う、紙面上の絵を写真などで取り込む、タブレット端末上で描画するなど**自分で制作方法を選び**制作します。

デジタル作画は作業に慣れるまで時間がかかり、画力の高い生徒でも実力を発揮できないことがあります。アプリ、タブレット端末に制限せず手描きの絵を使うなど、**生徒一人一人の技能に合わせたやり方で取り組む**ことが大切です。

3時間目

出来上がったアイデアをロイロノート・スクールの提出箱に提出します。回答共有機能で互いの作品の一覧表を見ながら相互鑑賞を行います。**自分の作品を客観的に見つめる視点を得る**と同時に、自分の中にはないアイデアに触れ、**発想の幅を広げ**ていきます。

アプリの活用により、多数の作品を並べて見たり、一つの作品を注視したりすることも手軽にできるので、自分がよいと感じた作品の**造形的なよさや美しさを感じ取り、デザインする上での創造的な工夫などについて考える**ことが、よりスムーズに行えるようになります。

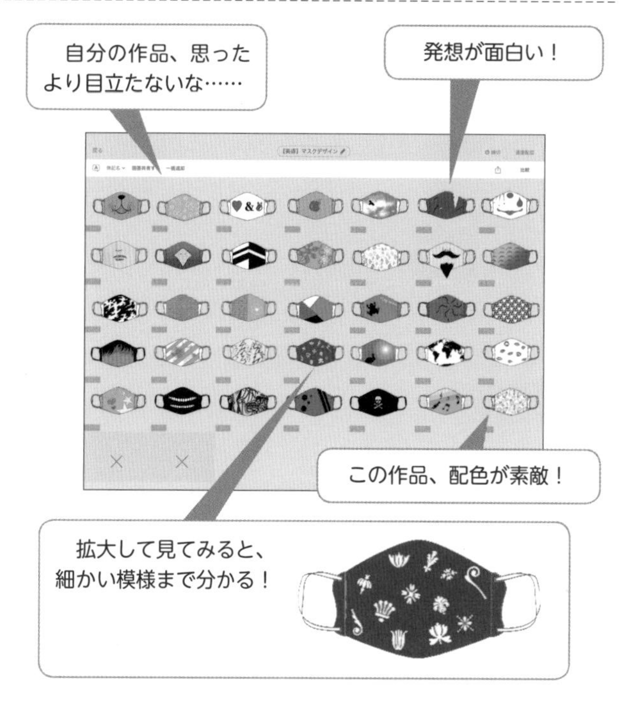

他作品と、自分の作品との比較を通して、アイデアに修正や追加する要素を洗い出します。自分が気に入った作品のよいと感じたポイントを、配色、構図などのデザイン構成要素を踏まえて分析し、自分の作品に生かします。

ICT機器の使用により従来であれば時間がかかった**描画や色塗り、構図の変更などが気軽にできる**ため、トライ＆エラーを繰り返しながら手早くアイデアを考えることができます。そして余裕ができた分、相互鑑賞や作品の分析にも時間をかけることができるので、生徒自身が今までもっていた美的観点を更に深め、**美術に対する見方や感じ方を深めること**が期待できます。

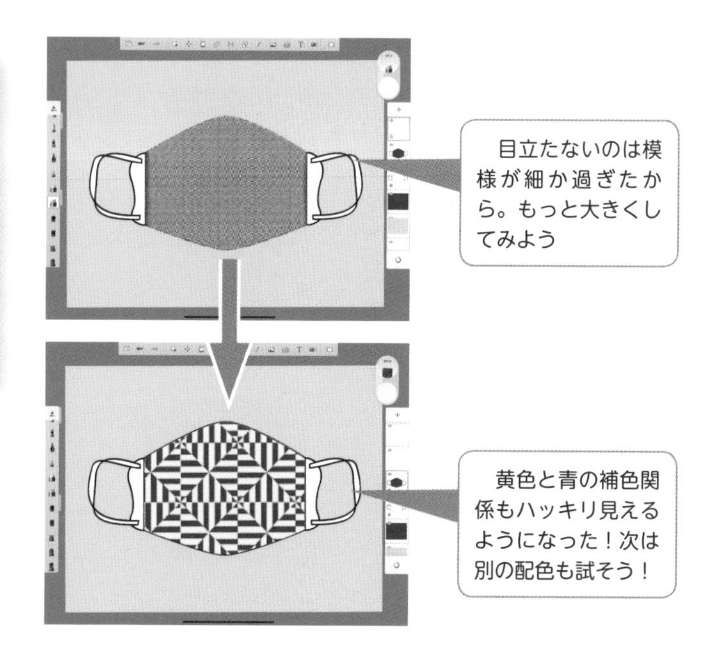

美術科にとって、ICT機器の活用は創作活動の幅を大きく広げてくれる可能性を秘めています。とりわけ、タブレット端末は、写真や動画撮影、デジタル描画機能・編集機能などの、設備費と設備を扱う専門知識が必要であった美術分野を単体で兼ね備えています。ICT機器の活用により、これらの制作が可能になるばかりでなく、例えば遠隔地の作品を気軽に鑑賞したり、着彩やレタリングの手間を省くなど、時間的、物理的制約を無くし、従来の表現をより自由なものにしてくれる可能性もあります。しかし、最も大切なことは、生徒の表現をより深めるためには何が適した方法なのか、多くの選択肢をもち実践できる準備をすることだと思います。

保健体育科 体育分野

仲間と TRY! マット運動【第1学年】

～「こつ」ノートと「こつ」インタビューの活用～

マット運動では各自の技能レベルに応じて目標とする技能を設定し、その習熟に向けて活動します。MetaMoJi ClassRoom を活用し、「こつ」ノートを作成して共有することや、インタビュー活動から技能向上のためのヒントを得ることで、技能の構造や成り立ちを知り、発展的な技能の習熟へとつなげていくための素地の育成を目指します。(全8時間)

1、2時間目

準備運動や既習済みの技能の確認、様々な技能の練習を通して、目標とする技能を決定します。

練習を進める際には、カメラを用いて、**自分の動きを客観的に観察**します。副読本に記載されている見本と比較しながら課題を見付けます。

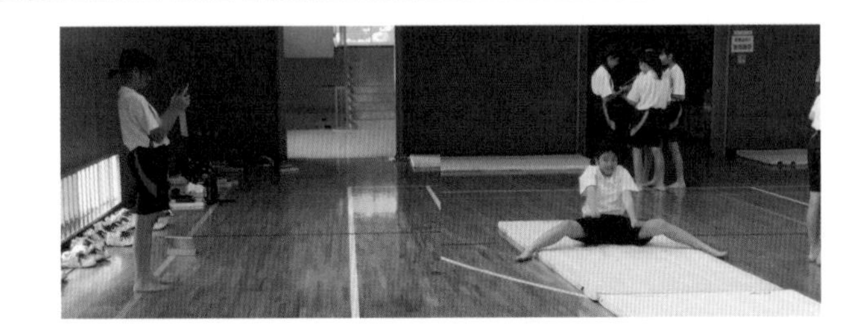

準備運動に、技能向上・習熟につながるような**類似の動きを取り入れることが効果的**です。様々な練習ブースを用意することで、個々の技能レベルに応じて選択しながら練習を進めることができます。

類似の動きの例：ゆりかご → 後転
跳び箱またぎ越し → 側方倒立回転

3～5時間目

目標とする技能の練習を進めながら、**自分の気付きを仲間と共有**できるよう、MetaMoJi ClassRoom に「こつ」ノートを作成します。

◀「こつ」ノートの仕組みについては QR コードを参照

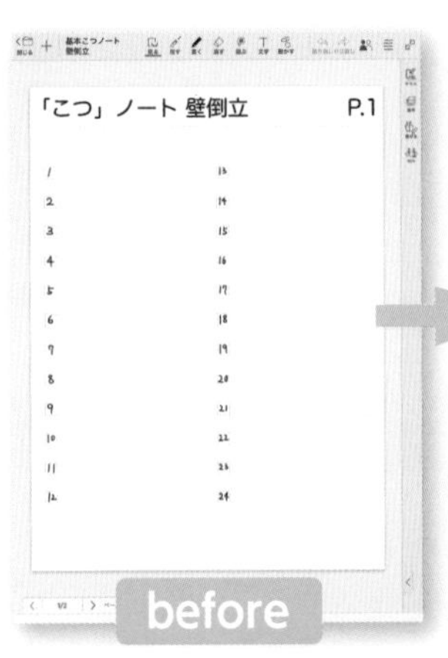

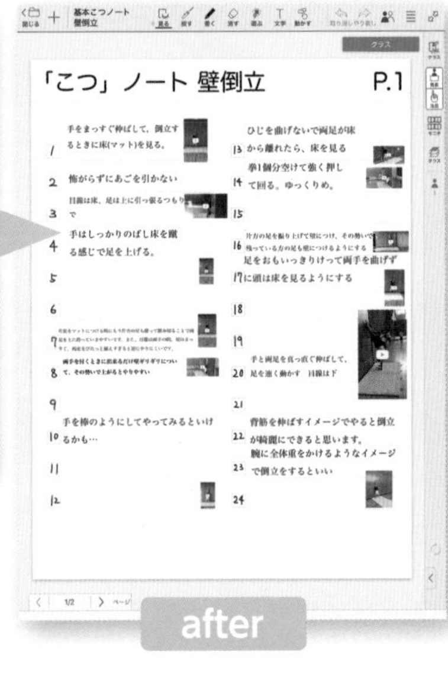

「こつ」ノートは、学級の仲間全員がいつでも自由に編集することができます。具体例を挙げて「こつ」を記述したり、手本を示している動画を貼り付けたりすることができるため、**自分が持ち合わせていなかった新たな視点で、その技能を捉え直す**ことが期待できます。

倒立の「こつ」は目線の位置。あごを引かずにマットをしっかり見ると倒れにくくなることが分かった。

6時間目

自己の課題達成を目指して、仲間から直接アドバイスをもらう「こつ」インタビューに取り組みます。インタビューでもらった**アドバイスを参考にしながら、技能を修正**し、まとめの活動に向けて仕上げていきます。

伸膝前転は、伸び上がるように起き上がるよ。体をもっと前に倒してから、手でマットを強く突き放すといいよ。

側方倒立回転が真っすぐに回れないんだけど「こつ」は何かな？

側方倒立回転は、体の軸が曲がるときれいに回転できないから、脚と一緒に腕も伸ばすように意識するといいよ。

「こつ」インタビューでは、**技能向上を目指す生徒はどのように質問すれば技能の「こつ」を聞き出せるのか、得意な生徒はどうすれば理解につながるアドバイスができるのか**を深く考えながら取り組む姿が見られます。互いの意図するところが一致したときには、**技能向上だけでなく、運動共感につながる楽しさや喜び**が生まれます。また、体育の見方・考え方にある**「する・みる・支える・知る」**を踏まえた多様な関わり方の授業を組み立てることができ、様々な視点で評価をすることが可能になります。

インタビューをする側が「こつ」を上手に聞き出すためには、自分の体を客観的に捉えた上で質問をすることが必要不可欠です。インタビューをされた側は、言葉だけではなく、身振り手振りを交えながらアドバイスをしてあげることで、相手により伝わりやすくなります。

7、8時間目

自分の技能を撮影し、**自分がつかんだ「こつ」の解説を付け、ロイロノート・スクールの提出箱へ提出します。**

▲生徒が提出した「こつ」の解説

「こつ」を説明できるということは、その技能を達成するための身体の使い方を理解しているということでもあります。器械運動の技能には系統性があるため、より高度な技能になればなるほど、つかんだ「こつ」が大いに役立ちます。

ICTを効果的に活用することで、技能の向上だけでなく、生徒同士が直接的・間接的に関わり合う場面を増やすなど、多様な関わり方で運動に親しむことが可能となります。「こつ」ノートを参考書代わりにして、自分の現状と照らし合わせる姿や、「こつ」インタビューを通して、運動共感につなげようとやり取りをする姿から、より深い学びにつながっていることが実感できました。

今回の授業では「カエルの足打ち」などの基礎となる練習を大切にしました。それが倒立の際に脚を伸ばすことや、重心の取り方などにつながりました。「こつ」ノートには、どのようにするとうまくいくかを考えて、自分も周りもプラスにできるように書きました。「こつ」インタビューの質問に対して、自分の言葉で答えることにより、自分の技能の質も高まることを実感しました。

保健体育科　保健分野

健康を左右するものとは？【第１学年】

～回答共有機能を活用し、健康の成り立ちと疾病の発生要因について考えよう～

健康の成り立ちと疾病の発生要因を知るために、自己の健康観の共有や腹痛の発生要因を考えます。ロイロノート・スクールのシンキングツールを使って、腹痛になったときの経験を踏まえて、原因となる要因を書き出し、分類します。その上で、主体の要因と環境の要因の関わりについて考え、理解することを目指します。（全１時間）

導入

「健康とは何か」という問いについて考え、ロイロノート・スクールのカードに**自分がイメージする「健康」をイラストで表現**します。回答共有機能を使用して仲間が描いたイラストを学級全体で共有し、自分が考える健康について代表の生徒が全体に発表します。

WHO（世界保健機関）の「健康の定義」やQOL（クオリティ・オブ・ライフ）について確認した後、**自分が描いたイラストを基に、自分の健康観について考えを深めます。**

健康をイラストで表すと、身体的な健康をイメージする生徒が多くいました。**健康とは身体的なものだけでなく、心の健康や自分を取り巻く環境などを含め、多様な視点から捉える**ことが大切です。そのような視点に気付けるよう、仲間が考える様々な健康観に触れる機会を設定します。

▼共有された生徒の健康のイメージのイラスト

筋力があること

病気でないこと

好きなことができて、笑顔で過ごせること

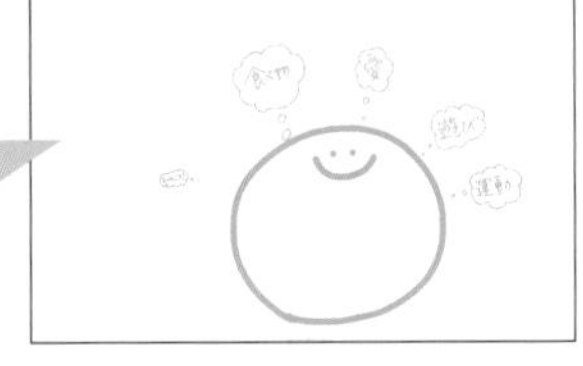

食事、睡眠、運動のバランスがとれた生活をしていること

展開

ロイロノート・スクールのシンキングツール（ウェビング）を使用して、**自分が腹痛になったときの経験や知識を基に、腹痛の要因をできるだけ多くカードに書き出します。**

腹痛の要因を書いたカードは、生徒間通信機能を使って、４人のグループで共有します。意見交換しながら、各自が考えた腹痛の要因を共有することで、さらに思いつく要因を考えていきます。

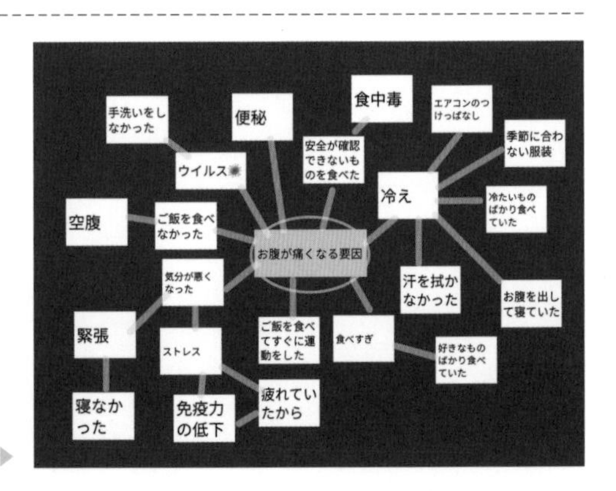

生徒が考えた腹痛の要因▶

ロイロノート・スクールのシンキングツール（ベン図）を使って、**書き出した腹痛の要因を主体の要因と環境の要因に分類**します。その後、４人のグループで各自が考えた分類を比較検討しながら、**よりベストな分類**になるようにグループで考えをまとめます。

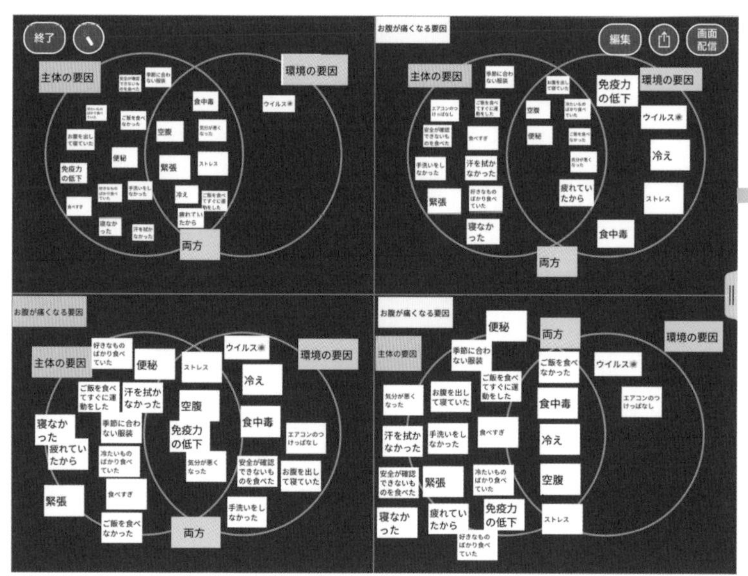

◀各自が考えた分類の比較

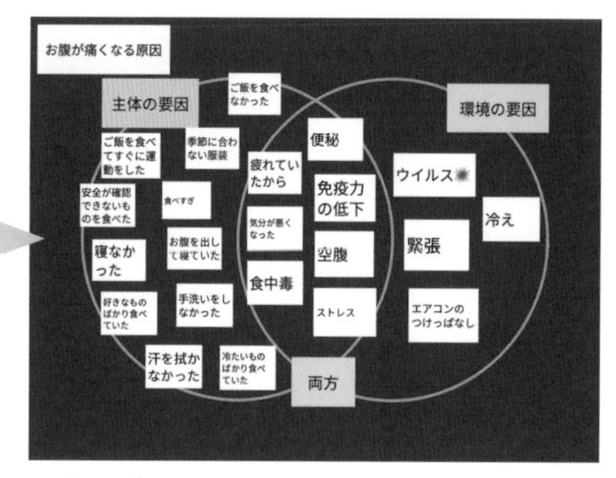

▲グループで考えた分類

自分の経験を基に考えることやグループで意見交換することで、健康や疾病の発生を自分事として考えられるようにします。また、疾病は一つの要因で発生する場合もありますが、**主体（人）の要因と環境の要因が関わりながら発生すること**に気付かせ、生徒の思考収束を図ります。

終末

本時の学習を振り返り、**健康な生活を送るために必要なこと**を考えて、ワークシートを書きます。

健康は、**主体とそれを取り巻く様々な環境を良好な状態に保つことによって成り立っていることや、疾病は主体と環境の要因が相互に関わりながら発生することについて理解すること**が大切です。また、授業で取り上げた要因を基に考えた**「健康を保つためにすべきこと」が、自分の実生活の中に生かされてくる**ことを期待します。

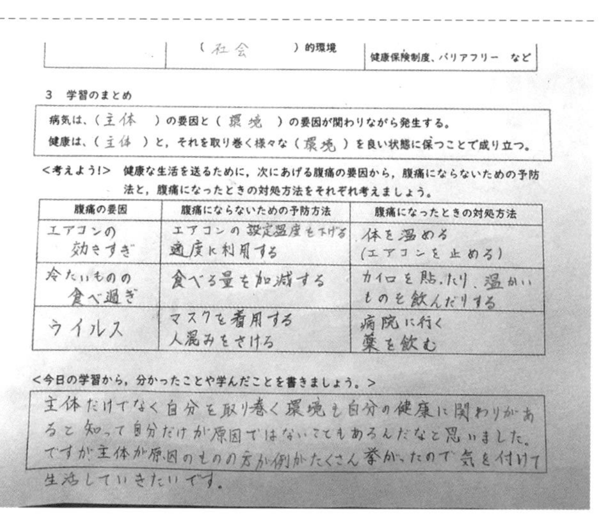

（社会　）的環境　健康保険制度、バリアフリー　など

3　学習のまとめ

病気は、（主体　）の要因と（環境　）の要因が関わりながら発生する。
健康は、（主体　）と，それを取り巻く様々な（環境　）を良い状態に保つことで成り立つ。

<考えよう!>　健康な生活を送るために，次にあげる腹痛の要因から，腹痛にならないための予防法と，腹痛になったときの対処方法をそれぞれ考えましょう。

腹痛の要因	腹痛にならないための予防方法	腹痛になったときの対処方法
エアコンの効きすぎ	エアコンの設定温度を下げる 適度に利用する	体を温める (エアコンを止める)
冷たいものの食べ過ぎ	食べる量を加減する	カイロを貼ったり、温かいものを飲んだりする
ウイルス	マスクを着用する 人混みをさける	病院に行く 薬を飲む

<今日の学習から，分かったことや学んだことを書きましょう。>

主体だけでなく自分を取り巻く環境も自分の健康に関わりがあると知って自分だけが原因ではないこともあるんだなと思いました。ですが主体が原因のものの方が例がたくさん挙がったので気を付けて生活していきたいです。

▲授業後に提出された生徒のワークシート（一部抜粋）

ICT を使わずにこの活動を実践する場合、事前にイラストを描くための人数分の紙とペン、さらにグループワークをするための付箋とホワイトボードの準備が必要です。また、これらをクラス全体で共有するとなると時間も掛かります。しかし、授業に ICT を取り入れることで、これらの学習活動を手軽にテンポよく行うことができます。自分の生活や実体験、他者との対話を通して、健康への関心が高まるとともに、健康な生活と疾病の予防に関する課題の発見や解決に向けた思考・判断につながります。

技術・家庭科 技術分野

特徴を踏まえて、材料を選択しよう【第１学年】

～シンキングツールによる情報整理、思考収束～

木工製品を製作するために、複数の木材の特徴を比較して一つを選択する活動を行います。木材の特徴は、ロイロノート・スクールのシンキングツール機能を使って整理します。最終的に材料を一つ選択するために、整理した特徴を踏まえ、さらにシンキングツールを使って見た目や丈夫さ、環境への負荷や経済性など、複数の側面から比較して理由が説明できることを目指します。（全３時間）

１時間目

身の回りの製品を観察し、材料の種類と特徴を考えます。**製品の使用場所や使い方などによって、最適な材料が選択されている**ことを知ります。

次に、木工製品の製作を見据えて、木材の性質や外観の特徴を理解します。

2、3時間目

ロイロノート・スクールのシンキングツールのＸチャートを使い、４枚の板材それぞれについて特徴をカードに書いて並べ、整理します。その際に、実際に板材を手に取って、**切り口の違いによる見た目や触り心地の違い、力の掛け方による折れやすさなど**を調べます。また、教科書やインターネットの情報を調べ、**板材の作られ方などの環境的な面や、同じ大きさの場合の価格の違いなどの経済的な面**も調べます。

材料を選択するために優先すべき視点について、ダイアモンドランキングで順位付けします。視点のカードをなぜその位置にしたのか、**位置関係**を踏まえて理由を文章で書きます。

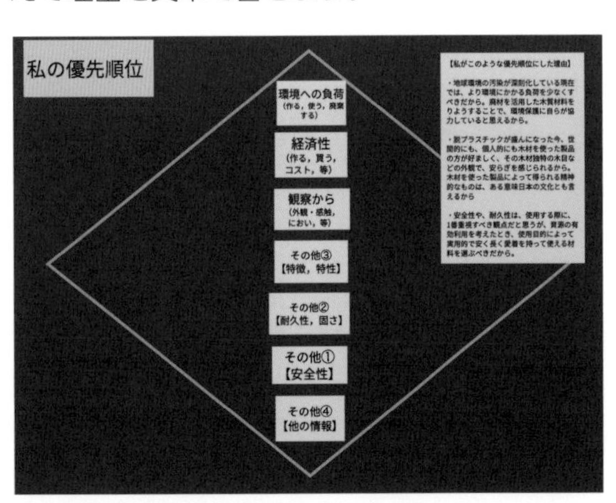

▲視点ごとに順位付けしたダイアモンドランキング

シンキングツールのＸチャートは、一つのトピックを多面的に整理できます。そのため、**利用時の安全性や自然環境への負荷、購入コストなどに着目し、技術の見方・考え方を働かせて最適解を考える活動**に有効です。

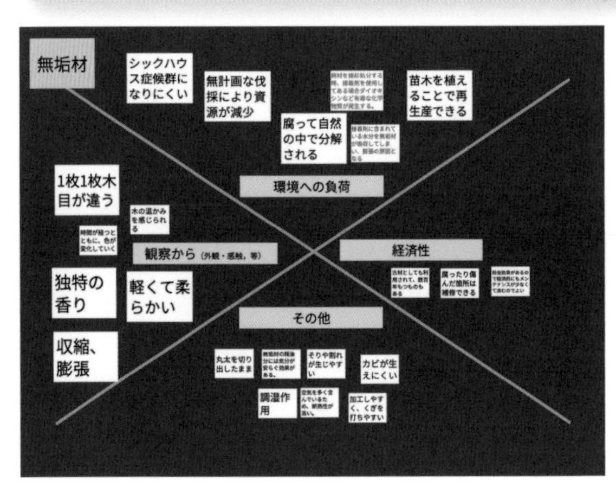

▲視点ごとに特徴が整理されたＸチャート

板材は、**無垢材**と**木質材料（合板やパーティクルボードなど）**を用意することで、廃材や間伐材を有効利用する**環境的な側面**や、無垢材の欠点を木質材料が補っているという**社会的・経済的な側面**に生徒は気付くことができます。

優先すべき視点を基に特徴を比較するため、データチャートを活用します。ダイアモンドランキングで決めた優先すべき視点のカードを、データチャートに貼り付けます。次に、その視点に関わる特徴カードをXチャートからデータチャートに貼り付けます。データチャートに、視点のカードと特徴のカードを貼り付けたら、製作品を踏まえた上で、板材を決定します。

三つのツールで行ってきた活動を踏まえ、**材料を選んだ理由を文章化**します。文章化する際に、評価ルーブリックを踏まえて、**板材の情報を整理したXチャート、優先する視点を順位付けしたダイアモンドランキング、順位付けした視点を基に板材の特徴を比較したデータチャートを見直し**ます。

どの特徴を優先するかは各生徒の考えになりますが、**製作後の安全性や耐久性、使用による環境への影響、購入等に関わる経済性を踏まえて優先する特徴（視点）を決めることを意識させる**ことが大切です。

自分が選んだ材料とその理由を仲間に説明し、感想をもらいます。

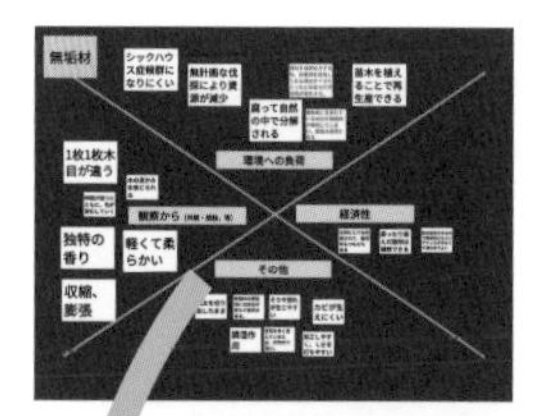

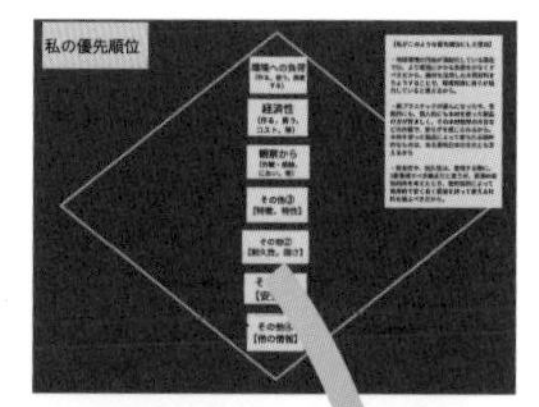

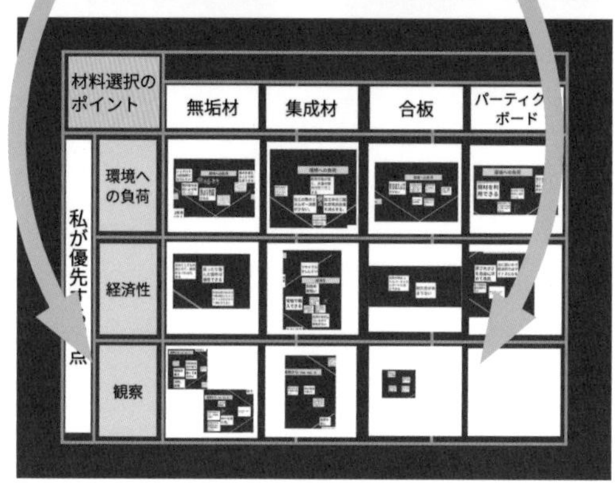

▲優先した視点で特徴を比較したデータチャート

私が「パーティクルボード」を選んだ理由

■年■組　■番　■■■■

数千年前に建てられた寺社仏閣は全て天然の木材によるもので日本の木の文化になくてはならないものだと思います。しかし無計画な森林伐採による資源の減少のことを考え、持続可能な社会を目指す目的からも家具、木工建築材料などに用いる場合、私はパーティクルボードを選びました。パーティクルボードの原料は間伐材、小径材、端材、建築解体材や合板などのリサイクル材が多く使われています。木材が焼却され二酸化炭素が大気に排出されるのを遅らせることにつながり、地球温暖化対策にも大きく貢献すると思います。エコな材料というパーティクルボードの接着剤を使用するための揮発性有機化合物がシックハウス症候群の原因になることがあります。また湿気も吸いやすく、カビが発生しやすい、長期荷重でたわみが出る、水に弱いなどの弱点もあるので、どこに使用するか、何を作るかに注意する必要があると思います。

しかしパーティクルボードは品質にむらがなく、量産性に優れ、材質も均一なのでそり、割れ、くるいがすくない、強度があり、大きな面積のものが得られます。音響性に優れ、そして経済的で安価というなどの利点があります。**それにより、**建築の床、壁の他、収納家具、机、建具、楽器、オーディオ製品などには、適した材料**だと思います。**地球環境を守るためにも、このようなリサイクル資源による木材は、持続可能な循環社会を作っていくためにも、重要だと考え、私はパーティクルボードを選びました。

▲生徒が材料を選択した理由を書いたカード

ダイアモンドランキングで優先する視点を決めても、その後の活動を進める中で**考えが変わってもよい**ことを生徒に伝えることが大切です。重要なのは、**決定の際に明確な理由をもつこと**です。

仲間がどんな理由で材料を決めたかを知るために、ロイロノート・スクールの共有機能を使うと効果的です。材料選択の理由を書いたカードが一覧になっていることで、**生徒は自由に仲間の考えを見る**ことができます。

▲評価ルーブリック

ICTを活用することで、材料の特徴を調べて整理する（情報収集）、特徴を比較して理由をつけて一つに決める（思考収束）、さらには互いの考えを伝え合い、様々な考え方を知るという活動が、約2時間でできます。また、今回は、材料調べを個人で行いましたが、グループ活動として設定し、ロイロノート・スクールの生徒間通信機能を使う授業形式も考えられます。生徒間通信機能を使えば、グループの仲間同士で特徴を書いたカードの送受信ができ、板材を分担して調べて整理することもできます。これにより、自分が調べる板材が1枚に減って活動が短時間で終わることで、安全性や耐久性、環境への負荷、経済性といった視点について仲間と意見交流しながら、材料選択で優先すべき特徴を話し合うことも可能となります。

限られた時数を有効に使い、技術の見方・考え方をしっかり働かせながらものづくりを進められるよう、複数の側面から考える場面を設定していくことが大切です。

技術・家庭科　家庭分野

家庭の仕事を見つめよう【第２学年】

～家庭での実践を記録し、共有する～

家庭の仕事（以下家事[*1]）の実践を写真や動画で記録し、その実践について仲間と意見交換して家事の捉え方を広げます。ロイロノート・スクールの回答共有機能を使って写真や動画を示し、実践した家事の説明や意見交換を通して、家庭の機能を理解し、家庭と地域や社会とのつながりについて考え、よりよい生活の実現を目指して工夫しようとする態度をもつことをねらいとします。（全３時間）

*1 日本家庭科教育学会編『家庭科教育事典』参照。「家事」には二つの意味がある。①家庭内部の事柄②家庭生活を営むために必要な仕事、掃除・炊事・洗濯・育児等である。ここでは②の概念で「家事労働」として捉える。

Step1

Google カレンダーを使って家庭での過ごし方を振り返り、生活時間の中で家事に費やす時間の長さや内容に注目します。**家事を見つめ、よりよい生活について考える**ために、自分が取り組む家事の目的や方法を決めて実践計画を立てます。

家庭の機能、家族や地域との協力・協働、家事代行サービスなどの利用、家庭を支える社会など、家庭生活を幅広く考えるための切り口として、家事を取り上げます。また、多様な価値観や暮らし方があることに触れながらも、**プライバシーには十分配慮**します。

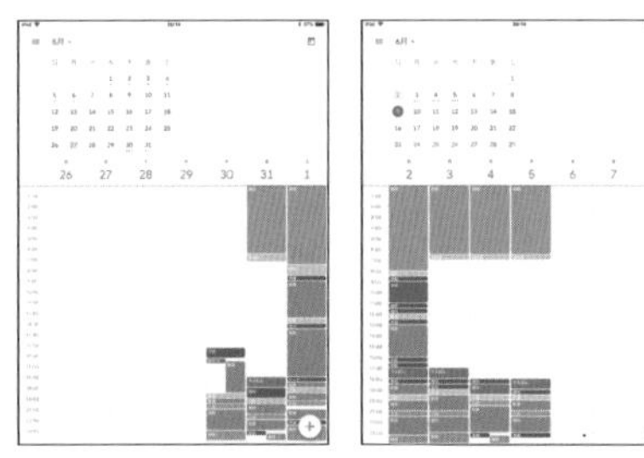

▲ Google カレンダーに記録した生活時間

家事実践中

家事の実践の内容を生徒同士で共有するために、実践後に画像をロイロノート・スクールの提出箱に提出するよう指示してから、実践期間に入ります。提出するに当たり、共有することを見据えて、カメラに限らず、iMovie や Clips など、自分の使い慣れたアプリを使って編集することも可とします。その際、**家事の実践で重視したことを分かりやすく伝えること、自分の家族や家庭の情報を守ることなど、情報リテラシーを意識してまとめるように注意**を促します。

Step2

家庭で実践した家事の目的や方法について、各自が撮影した写真や動画を示しながら具体的に説明します。**家事に関しての捉え方を広げることができるよう、**質問や意見交換をします。

仲間と画像を共有する際、**家事に関しての捉え方を広げることができるよう、「なぜその方法で行うのか」「それをしないとどうなるのか」「他の方法と比較するとどうか」などを話題にするよ**うに促します。

Ａさん「みんな家族のために家事をしているんですね。私も家族に喜んでほしくて夕食にムニエルを作りました。」
Ｂさん「ムニエルってバターで焼くとおいしいですよね。」
Ａさん「実は焼くときにひと手間加えているんです。」
Ｂさん「どんなひと手間ですか？」
Ａさん「こうやって油を取るとうまく焼けるし、余分な油が残らないから、洗い物が楽にできます。」
Ｃさん「油を流さないから環境にもよいですね。」
Ａさん「夕食はうまくできて、みんなおいしく食べてくれました。」
Ｂさん「家族や自分のために行うということは、やっぱり家事は家庭の機能を支えているということですね大切なことですね。」

家事の実践の説明や意見交換の中で出た事柄を付箋に書き出します。グループで**自分自身や家族の暮らしに関することと、他者や地域・社会的問題に関することに分類**します。

A さん「B さんはどうしてその食材にしたのですか？」
B さん「うちは幼い兄弟がいるので、できるだけ添加物の少ない食品を選ぶようにしています。それから、産地にもこだわっています。」
A さん「地元の食品を選べば、地産地消になりますね。」
C さん「食材の産地にこだわることは、地域の農業に注目することになりますね。」
D さん「食品ロスは社会的な問題だけど、B さんは献立を考えて食材を買っていていいですね。」
C さん「添加物の少ない食品を選ぶのは自分や家族の健康に関することと、地元の食材を選ぶことと食品ロスは地域・社会に関することですね。」

▲ロイロノート・スクールに提出された家事の実践

分類した事柄について、**費やす時間や家庭内の役割分担などを視点にして**自分の生活に取り入れたいことを考えます。

自分自身や家族、地域や社会との関連を考えることは、**家族や地域の人々との協力・協働、健康・快適・安全、生活文化の継承、ひいては持続可能な社会の構築等の見方で家事を捉える**ことにつながります。

Step3

家族の一員として家事をどう担うか、自分の生活に家事をどう取り入れるか、どのような力を身に付けていきたいかを考えてまとめ、ロイロノート・スクールの提出箱に提出します。

家事の実践を仲間と共有し、意見交換することで、**多様な考えに触れることができ、家事をこれまでと違う見方で捉えること**につながります。これにより、**家事の新たな価値に気付き、よりよい生活を工夫しようとするきっかけ**になります。

家族みんなが快適に過ごすためにも、家族の生活時間や家事の分担を改めて考えてみたいと思った。自分の余暇時間を少しでも家事の時間に変えようと思った。また、少しの家事でも隙間の時間にできるように心掛けたい。

友達は上手に家事をこなしていたし、いろいろなことを知っていて感心した。休日に家事の時間を確保して、自分一人でできる家事を増やしたいし、家族の役に立ちたい。

食事の材料選びは、健康だけでなく地産地消など、地域や環境と関わりがあることを知った。どのように食品を選ぶことが環境によいか詳しく知っていこうと思った。

▲生徒の記述

ICT を活用することで、生徒が授業で学んだことを家庭に持ち帰って再現しやすく、家庭での実践を自宅から提出することもできるため、授業と家庭生活を結び付けやすくなります。本題材では、生徒が家庭で家事の実践を行って記録し、それを授業で仲間と共有しました。活動の様子を写真や動画で記録することは、生徒にとって手軽であり、実践の様子を正確に再現して説明することができます。また、今回は実践した家事の画像を共有して仲間と意見交換することを通して、社会や環境との関わり、生活時間など、生徒がそれまで意識していなかった様々な視点で家事を捉え、新たな課題や目標をもつことができました。

今後はさらに、生徒が本題材で学んだことを他の題材の学習に生かしていくことや、授業で身に付けたこと、考えたことを家庭や地域など様々な場面で生かし、生活をよりよくしようとする実践的な態度につなげていくことを期待します。

英語科

"My Dream Day" について発表しよう！【第２学年】

～視覚化による表現の共有を通した未来表現の学習～

未来表現を用いて "My Dream Day"（自分が過ごしたい理想の１日）の計画を紹介し合います。単元末の活動に向けて、「単文での表現」→「ペアでのオリジナル対話の作成」→「グループでの教科書本文のリテリング」と、スモールステップで学習を進めます。仲間と表現を共有する場面で、ICT を活用して繰り返し英語表現に触れ、聞いたり読んだりしたインプットを、活用可能なインテイクにつなげることをねらいます。（全７時間）

1、2 時間目

"be going to ～" の表現を活用し、放課後の予定を尋ねる疑問文を作ります。考えた文はロイロノート・スクールの回答共有機能を使用して共有します。仲間が書いた文を即時に共有し、**自己表現のヒントとして活用する**ことができます。また、回答に対して、教師からのフィードバックを得ることができます。

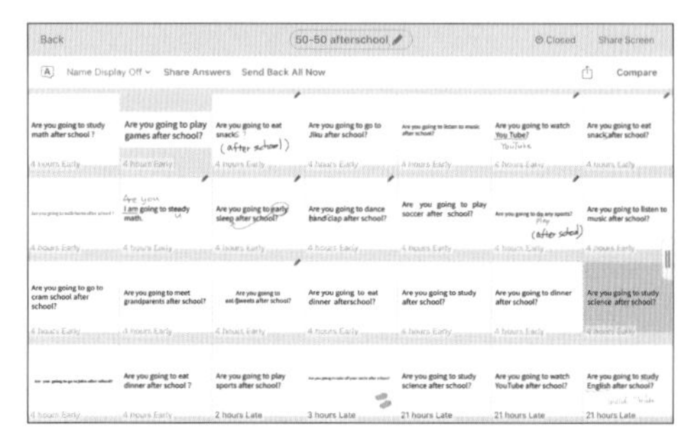

▲回答共有画面
（朱書きは教師からのフィードバック）

無記名の画面で回答共有を行って英作文の誤りを修正することで、生徒の**正確な英文の使用を促す**ことができます。音声付きのカードでの提出を求めると、発音に関しても、個々にフィードバックを行うことが可能です。

3、4 時間目

教科書の対話例を参考に、"will" の表現を活用する場面設定を考え、ペアで対話の原稿を作成します。原稿はロイロノート・スクールのカードで作成し、**英語らしい韻律で発音できるよう、アクセントやイントネーションの記号を書き込み**ます。

作成した対話を、ペア同士で発表し合います。**英語の伝え方や対話の内容について相互評価**し、よかった点や改善点をコメントします。対話の様子は動画に撮り、自己評価ができるようにします。

原稿のカードと撮影した動画をロイロノート・スクールの提出箱に提出し、**モデルとなるペアの対話を全体で共有**します。

A: I'm studying now.
Can you answer the phone?
B: Sorry, I can't. I'm cooking now.
A: OK. I will answer it.
B: Thanks.

▲原稿カード例

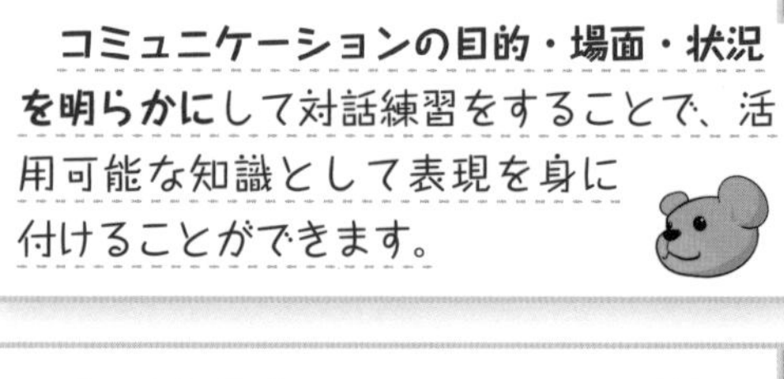

コミュニケーションの目的・場面・状況を明らかにして対話練習をすることで、活用可能な知識として表現を身に付けることができます。

動画を撮影することで、よりよい対話にしようと、進んで何回も撮影する姿が引き出され、**発話の回数の確保**にもつながります。

動画撮影の様子▶

5、6時間目

教科書から読み取った登場人物の旅行プランについて、キーワードや絵をヒントに再構成して話す、リテリングの活動を行います。話すヒントとなるスライドを、Keynote の共同編集機能を用いてグループで作成します。**文字やイラスト、アニメーションを見て、即興で英文を考えて**本文の内容を語ることができるよう、スライドの情報量を調節します。作成したスライドは Google Classroom で割り当てられた提出先に送信します。

スライドを作成する過程を共有することで、お互いの**学び方についても学び合う**機会になります。自作のスライドは、理解している内容や思考の流れに沿っているため、自分の言葉に置き換えやすく、**即興的な表現への足場掛け**として有効です。

グループで場面ごとに分担し、リテリングの発表を行います。その後、個人の活動に取り組みます。各グループで作成したスライドを共有し、共有したスライドを、自分の理解している内容に合わせて、選択・編集して、ペアでリテリングを行います。

理解した内容を自分の言葉で語り直す**リテリングの活動は、「読むこと」から「話すこと」への橋渡し**として有効です。話した内容を書く活動につなげる展開も可能です。

◀▲生徒が作成したプロンプトカードの例

She is going to visit Finland. And she is going to stay with a Finnish host family there.

▲グループでリテリングを発表する生徒

7時間目

旅行プランの表現を基に "My Dream Day" について個人で考え、グループの中で発表します。班の仲間の発表やコメントを受けてリライトした原稿を全体で共有し、**互いに読み合います。**

互いの発表について、内容の面と言語知識の面からコメントをします。より内容が魅力的に伝わるように写真を示しながら発表したり、正確さを意識して話したりする姿が見られました。

いい一日だね！私も過ごしてみたい！

going to の前に am が必要だよ。

▲グループ発表の様子

I'm going to get up at 5:30.
And I will have delicious breakfast from 6:30.
Then I'm going to go to school by bus.
I want to talk and laugh with my friends at school.
Because it's happy for me.
I'm going to sleep at 10:30 pm at night.
I hope I can sleep soundly.

▲原稿例（音声付きカード）

ICT を活用することで生徒同士で成果物を共有することができます。教師が提示する教材だけでなく、仲間の作った例文や作品が、学習を支えるインプットになります。

スモールステップで、表現を共有しながら学習を進めることで、自己表現への不安感や負担感を軽減することができ、どの生徒も表現活動に参加することができます。

教科書を繰り返し読み、ヒントとして必要なイラストを探したり、アニメーションを工夫したりしてリテリングのスライドを作成することができました。だんだんと、文字のヒントがなくても話せることが増え、新しい単語も使いながら、絵やアニメーションを基に英語で話すことができるようになりました。

英語科

インタビューをしよう！【第３学年】

～架空の番組制作から実践的なやり取りへとつなげる～

架空のインタビュー番組の制作を通して、相手から情報を聞き出す形式を楽しみながら学んだ後に、日本語を母語としない英語話者と実践的なやり取りを行います。番組制作の素材にしたり、自己評価・相互評価したりするためにボイスメモを活用し仲間とのやり取りを記録します。活動を通して生徒一人一人が英語の表現力を高めて、自分自身の考えや気持ちを伝え合いながら即興的なやり取りができるようになることを目指します。（全８時間）

帯活動

相手の発言に応じた即興的なやり取りを継続させるための表現を学び、帯活動としてボイスメモで記録しながらテーマに沿って仲間とチャットをします。

発話しようとする気持ちを高め、発話量を増やすため、文法の間違いなどを教師は寛容に受け止めます。**記録を基にした生徒の自己評価・相互評価**により、やり取りにおける表現の質が高められていくことが期待されます。

【条件】
- 相手が一つ答えたことに関する三つの関連質問をして（１Ａ３Ｑ）会話を広げたり、深めたりする
- 間違いなどはあまり気にしない
- 相手が伝えたいことを理解しようとする
- どうしても分からない表現などは仲間に教えてもらう

【テーマ】
- 週末の予定
- 週末にしたこと
- 好きなものやこと　など

▲仲間とチャットをする生徒

Step1

本単元で習得することをCAN‐DOリストで確認し、グループの仲間と話し合って共通の評価ルーブリックを作成します。

グループによる評価ルーブリックの作成と運用の場を設定することで、生徒自身による目標設定と自己評価・相互評価が行われます。これによって、教師から与えられた目標や評価規準で活動するよりも、生徒が主体的・共創的に活動に取り組むことが期待されます。

【CAN‐DOリスト】
- インタビューで、相手から今まで知らなかった情報を聞いたり、相手の質問に答えたりすることができる
- 既習の語句や構文を用いて、インタビューのやり取りができる

【グループＡのルーブリックのＳ評価】
- ○内容：やり取りが広がったり深まったりするように、話す内容に一貫して関連があるようにする
- ○質問の適切さ：相手が理解できる表現を使った文で常に質問をする
- ○質問への答え方：常に伝えたい情報を正確に伝えるように、学習した表現を使った文で答える

Step2

歴史上の人物や有名人、架空の人物になりきった架空のインタビュー番組をグループの仲間とiMovieで制作します。音声認識による文字入力で台本を修正しながら作成します。全体に共有された番組を視聴し、自己評価・相互評価を行います。

【条件】
- 時間は２分程度
- 番組の台本を作成する
- 撮影した番組と台本はロイロノート・スクールで提出し仲間と共有する
- 自己評価と相互評価を行う

質問者：Hello, Mr. Oda.
信　長：Hello. Thank you very much for inviting me here today.
質問者：May I ask you some questions?
信　長：Sure.
質問者：When and where were you born?
信　長：I was born in Owari in 1534.
質問者：What was your status?
信　長：I was a warring lord of Owari Province.
質問者：Did you take part in many wars?
…（後略）

▲生徒が初めに書いた台本の一部

質問者：Hello, Mr. Oda.
信　長：Hello. Thank you very much for inviting me here today.
質問者：May I ask you some questions?
信　長：Sure.
…（中略）…
質問者：As a Japanese feudal lord, you have taken part in many wars, right?
信　長：Yes, I have.
質問者：I know you used a lot of matchlock guns.
信　長：Yes. We defeated even Takeda.
質問者：Wow, Takeda! Great! And I also know you were killed when you were 49.
信　長：Akechi hated me and attacked the Honnoji temple! So I burned the temple!
質問者：Oh, OK OK. Thank you for coming Mr. Oda Nobunaga. I hope you will rest in peace.

生徒が書き直した台本の一部▶

最初に書いた一問一答形式の台本は取調べのようで面白くありませんでした。そこで、より自然な会話の流れになるように相づちなどを入れたり、オープンクエスチョンを使ったりするなどの工夫をしました。

いろいろなインタビュー番組を視聴し、参考にしました。撮影に向けて繰り返しリハーサルを行いました。カメラ機能で動画撮影しただけでは、音声がよく聞こえませんでした。そこで映像に合わせてアフレコのようにセリフを録音したり、字幕を作成したりして、それらを映像に編集しました。

▲ iMovie で編集中のインタビュー番組

制作した架空のインタビュー番組を仲間同士で視聴し相互評価することで、生徒たちは仲間がより面白いと感じるような番組の完成を目指します。そのためには、映像の高度な編集技術だけではなく、**話の内容や流れ、使用される英語が理解しやすく正確であることが求められます。**これは、実際のコミュニケーションを充実させることにおいても大切な要素になります。活動を通して、生徒たちが実践的なやり取りができる力を高めることが期待されます。また、台本を音声認識による文字入力で作成することで、英語を正確に発音しようとする意識付けにつながります。

発展

海外から来た学生に対して仲間と一緒に英語を用いて**即興でやり取り**します。やり取りを録音し、仲間と共有して自己評価・相互評価をします。

教室で学んだことを実践できる**本物のコミュニケーションの場があると、生徒はより意欲的に英語の学習に取り組むことが期待されます。**教師には、場を設定するコーディネーターとしての役割が求められます。

▲留学生と英語で会話する生徒

英語の表現や文法などを学ぶいくつかの単元を終えた後にグループで取り組むプロジェクト型の単元です。インタビューで相手のことを知ろうと質問し、自身のことについて伝えようとすることは、グローバル社会において積極的に意思の疎通を図ったり、相互理解したりしようとする態度の基になるものであり、生徒にとって価値がある活動です。実践的に英語を用いて質問して情報を聞き出すことができたり、自身のことについて伝えることができたりすることは、自由なコミュニケーションにつながり、とても充実感を得られる体験になると考えます。一人１台のタブレット端末があることで、自分自身が表現したいことを英語で伝えることができるかを確認し、仲間の発想や知識から新たな表現を蓄積してそれらを次のやり取りで活用していくことが、いつでも手軽にできるようになります。

テストの採点は校務用パソコンで！

返却後も考えて

EdLog クリップ採点支援システム
by NEC、EdLog

採点業務が早いだけではないシステム

当校は、2019 年から EdLog の採点システムを活用しています。テストをスキャンしてデジタルデータにし、パソコンを使って採点します。採点業務の正確さの向上や時間短縮など、メリットが多くあります。正答率も自動的に算出されて模範解答に表示できるため、生徒は復習の際に理解度を分析しながら取り組むことができます。

教師がテストを作成する方法は、基本的には従来と変わりません(画像①②)。パソコンや手書きで作成した問題用紙、解答用紙(両方が混在していても可) を印刷して、生徒はテストを受けます。

テスト後は、模範解答、生徒の解答用紙の順にコピー機でスキャンします。スキャンすることを見越して、生徒には解答を濃く書くように指導しておきます (画像③)。

▲テストの作成 (画像①)

▲テストの実施 (画像②)

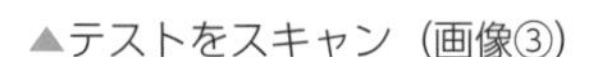

▲テストをスキャン (画像③)

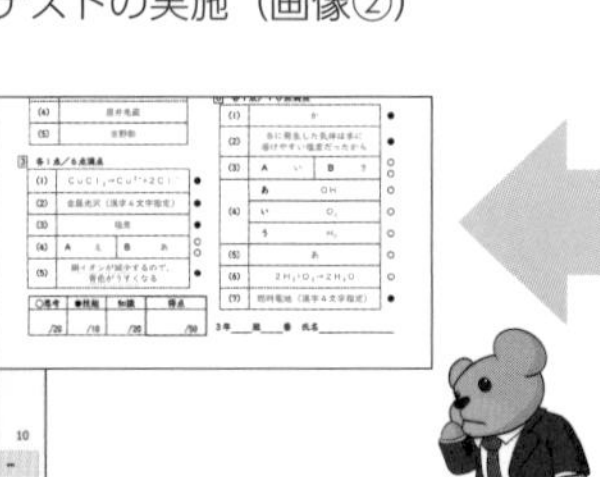

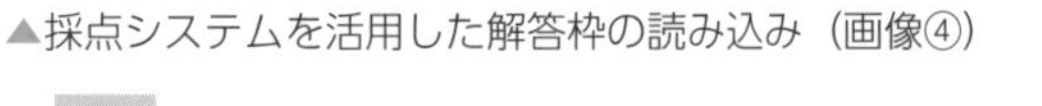

▲採点システムを活用した解答枠の読み込み (画像④)

デジタルとなった解答用紙を「EdLog クリップ採点支援システム」で採点していきます。初めに 1 問目の答えはどこを読み取ればよいのか、2 問目は…といった具合に、問題ごとに読み取る解答用紙の枠を指定します (画像④)。この作業では、観点ごとや総計の合計点を記載する場所も指定します。

読み取り箇所の指定が終わると、いよいよ採点です。採点は、一つの画面に最大 40 人分の解答を表示できます (画像⑤)。そして、ここでは誤答のみをクリックします。これにより、画面には誤答のみ誤答印がつきます。そして、全て採点した後に解答用紙をプリントアウトすると、クリックした解答には誤答印が、クリックしなかった解答には全て正答印が付いた状態で印刷されます (画像⑥)。

「○」を書かなくてよい分、時間短縮になる上に、解答を問題ごとに比較できるので、採点ミスも少なくなります。また、減点となった理由などについて、コメントを用紙内に書き残す機能もあります。

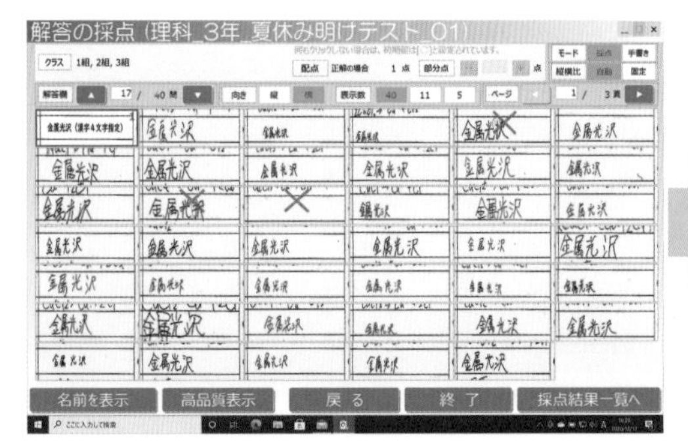

▲採点システムによる採点画面 (画像⑤)

▲採点したテストをプリントアウト (画像⑥)

採点作業を行うと自動的に問題ごとの正答率を計算してくれます。正答率を入れた模範解答を印刷、配付すれば、「難しい問題のようだったが、自分は解けた。」「みんな解けているのに自分は解けなかった。」など、テスト後の学習に役立てることができます。

コラム Vol.3　presented by vice-principal

働き方改革の可能性

学校における活動の中にＩＣＴ機器が根付いてくると、私たち教職員の事務的な仕事に活用しようという試みがわいてきました。どちらかというと「働き方改革」の要素が強いのですが、「丁寧さ」とのバランスを考慮しながら、現在は以下の二つを成果として挙げることができます。

①ペーパーレス化

「学校からのお知らせやおたよりをデジタル配信にする」

この目的は、端末の持ち主である保護者に、週末に学校からのおたより等を配信することでした。

この取組が根付き始めると、自ずと「デジタル配信」と「印刷物」の線引きができてきました。これまでは、各種案内やアンケート、おたよりなどは全て印刷して配付していました。しかし、現在は手元において確認するもの以外、ほとんどをデジタルで配信しています。さらに、追資料が必要な場合は、おたよりの中にハイパーリンクを設定して、発出先のホームページに飛ぶようにしています。結果的にペーパーレス化が進み、年間およそ５万円の用紙代が軽減されました。

②アンケートや参加確認もデジタルで

クラウドの機能を生徒会活動や学級活動などの特別活動で生かしている生徒を見習い、我々教職員と保護者も次のことをクラウドに代替し始めています。

- 年２回の学校評価アンケート（生徒・保護者ともに）の実施と集計
- 式典での参加確認と参加者数の集約

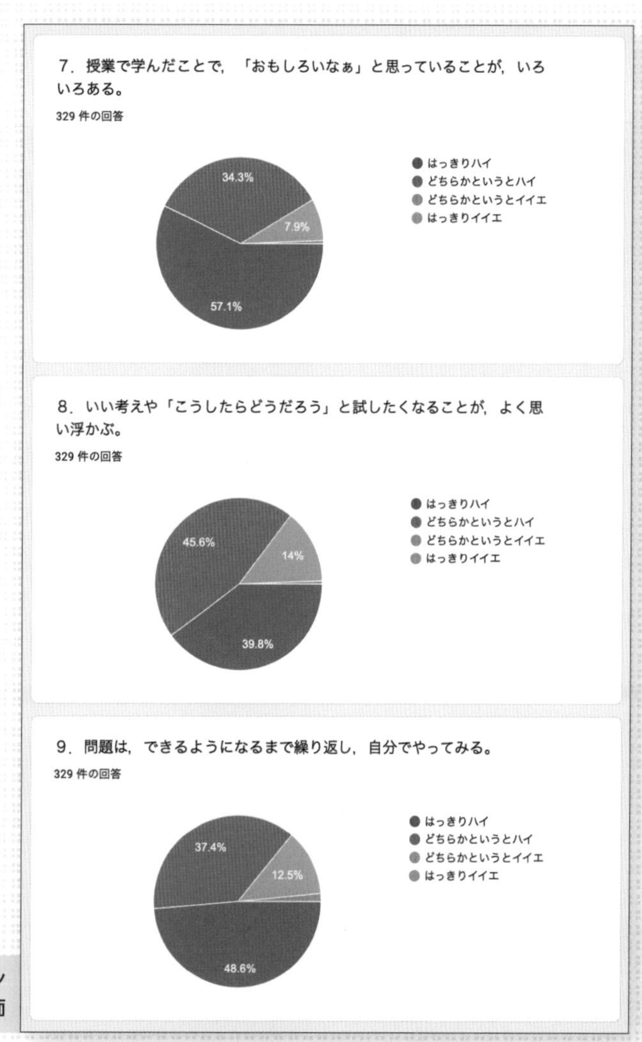

学校評価アンケートの画面

ページの見方　～オンライン授業編～

ページを読み進める前に…

●次ページ以降に掲載の実践については、**2020年3月～5月までの全国一斉休業に伴う休校期間中に取り組んだオンライン授業の一部**です。当校では、Zoom等のビデオ会議アプリを活用してリアルタイムで教師と生徒がやり取りする授業やNHK for schoolなどの既存の動画を見ながら学習する授業などを総称して「オンライン授業」と呼んでいます。今後、自然災害や感染症等の急な学校閉鎖、学年閉鎖にも応用していける実践です。

●オンライン授業は、Google Classroomを活用して、時間割に沿って決められた時間に学習内容や課題が提示され、授業連絡もこのアプリで行いました。

●オンライン授業は、①**教師、生徒が共に無理なく進められる学習内容、学習課題にする。**
②**50分の授業時間を、30～40分程度の内容に減らしゆっくり進める。**
③**終日タブレット端末を凝視し続けないように、学習活動を工夫する。**
などを前提に考えた授業になっています。その一部を紹介します。

当校がオンライン授業において着目した2つの学習の進め方

同　期：Zoomなどのビデオ会議アプリを活用し、生徒はリアルタイムで教師や他の生徒とやり取りしながら学習を進める。

非同期：生徒は、NHK for schoolのような既存の動画や教師があらかじめ撮影していた動画を閲覧しながら（した後）学習を進める。

授業のねらい
- 本時の学習活動
- 学習活動において、同期型又は非同期型で進める意図

導入・展開・終末
※各場面において生徒の学習活動が同期か非同期かを表示

同期場面 

生徒の**学習活動**
※太ゴシック体＋マーカー
▶教科の見方・考え方に関わる部分

ふぞくま枠
教師がオンライン授業を進める上での**留意点**や、生徒が学習を進める上で**大切にしたい点**

教科名

本時の授業タイトル【学年】

本時で使用する**アプリの一覧**

ONLINE　**国語科**

熟語の読み方を学ぼう【3年生】

「重箱読み」「湯桶読み」「熟字訓」といった熟語の読み方を学習します。「動画視聴（非同期）」→「Zoomでの話し合い活動（同期）」→「問題演習（非同期）」といった活動を通して、様々な熟語の読み方についての知識・技能を習得することをねらいとします。

導入［非同期］

Google Classroomで配信された「熟語の読み方」についての動画を視聴し**「重箱読み」と「湯桶読み」の違いや、「熟字訓」の理解**といった基本的な事項を学習します。

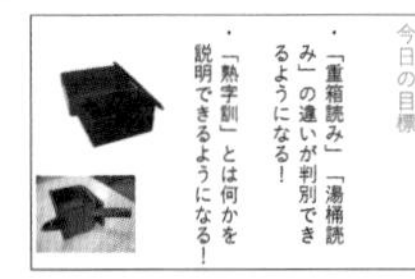

では、これは何て読むの？
- 仕事 シごと
- 茶釜 チャがま
- 両脇 リョウわき
- 別棟 ベツむね
- 夕刊 ゆうカン
- 手本 てホン
- 荷物 にモツ
- 枠内 わくナイ

音＋訓　重箱読み　訓＋音　湯桶読み

動画はあらかじめプレゼンテーションアプリケーションで録画して作成します。動画の冒頭には**「どのような姿を目指すか」を明確に提示します。**

展開［同期］

Zoomで学級の仲間と同期し、以下の課題について**ブレイクアウトルーム（小人数グループに振り分けた部屋）を開設し、話し合い活動**を行います。

①「重箱読み」と「湯桶読み」の違いを説明しよう。
②「熟字訓」とは何か、説明しよう。
③それぞれの熟語の例を5つずつ考えよう。

上記の課題を終えたグループからメインルームに戻って、**考えた熟語の例を発表します。**

ブレイクアウトで話し合ってみよう！（課題その三）
「重箱読み」「湯桶読み」「熟字訓」の熟語例をそれぞれ考えてグループで出し合ってみましょう。
↓ビデオをオンにする
↓IDが一番早い人が司会者
↓それぞれの熟語の例が五つずつ言えた班から戻ってくる（メモをとること）

Zoomなどのテレビ会議アプリでの小人数グループ活動は、話し合いが円滑に進むよう、**人間関係に配慮したグループを開設したり、司会者や話し合いのルールをあらかじめ示したりすることが大切**です。また、教師がグループの話し合いの様子をつぶさに観察して、話し合いが滞っているグループには助言を与えることが重要です。

終末［非同期］

各自で問題演習に取り組み、ロイロノート・スクールの提出箱に課題と授業の感想を提出します。

オンラインでは定着の様子が分かりづらいため、Zoomやメールなどで教師に質問できるようにすることが大切です。

ONLINE **国語科**

熟語の読み方を学ぼう【3年生】

「重箱読み」「湯桶読み」「熟字訓」といった熟語の読み方を学習します。「動画視聴（非同期）」→「Zoomでの話し合い活動（同期）」→「問題演習（非同期）」といった活動を通して、様々な熟語の読み方についての知識・技能を習得することをねらいとします。

導入［非同期］

Google Classroomで配信された「熟語の読み方」についての動画を視聴し**「重箱読み」と「湯桶読み」の違いや、「熟字訓」の理解**といった基本的な事項を学習します。

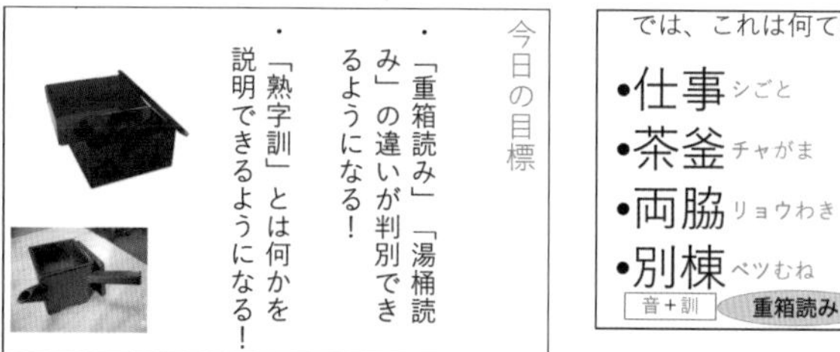

▲音声をつけて動画にした授業解説スライド

動画はあらかじめプレゼンテーションアプリケーションで録画して作成します。動画の冒頭には**「どのような姿を目指すか」を明確に提示します。**

展開［同期］

Zoomで学級の仲間と同期し、以下の課題について**ブレイクアウトルーム（小人数グループに振り分けた部屋）を開設し、話し合い活動**を行います。

①「重箱読み」と「湯桶読み」の違いを説明しよう。
②「熟字訓」とは何か、説明しよう。
③それぞれの熟語の例を5つずつ考えよう。

上記の課題を終えたグループからメインルームに戻って、**考えた熟語の例を発表します。**

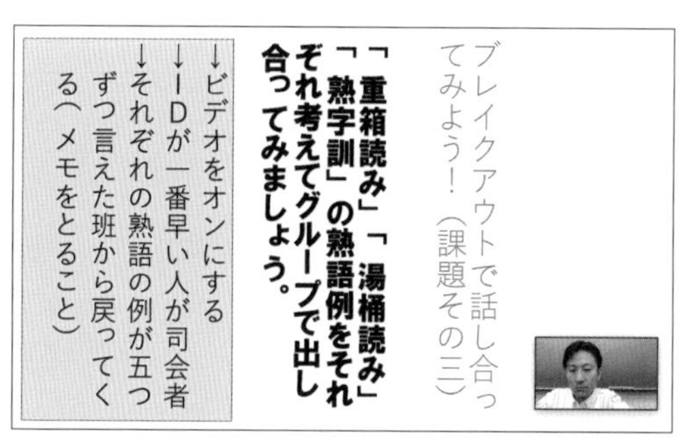

▲Zoomで同期しながらスライドを共有して説明する教師

Zoomなどのテレビ会議アプリでの小人数グループ活動は、話し合いが円滑に進むよう、**人間関係に配慮したグループを開設したり、司会者や話し合いのルールをあらかじめ示したりすることが大切**です。また、教師がグループの話し合いの様子をつぶさに観察して、話し合いが滞っているグループには助言を与えることが重要です。

終末［非同期］

各自で問題演習に取り組み、ロイロノート・スクールの提出箱に課題と授業の感想を提出します。

オンラインでは定着の様子が分かりづらいため、Zoomやメールなどで教師に質問できるようにすることが大切です。

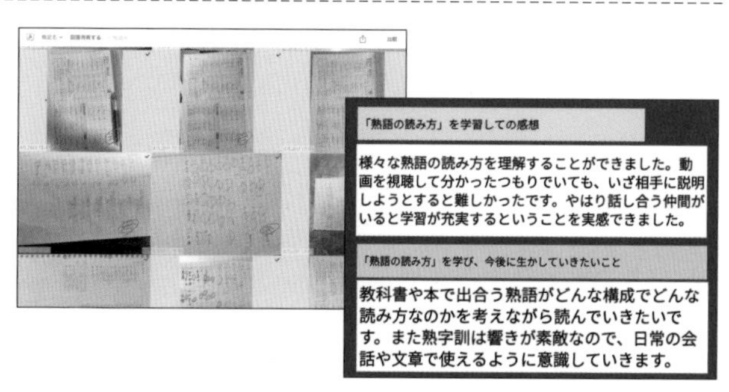

▲ロイロノート・スクールに提出された課題の写真と授業の感想

ONLINE **理科**

水溶液と電流【3年生】

水溶液に電流が流れることとイオンの存在を関係付けて説明するための手掛かりとなる情報を、ワークシートの流れに沿って整理して理解することをねらいとします。前時の回答、本時の課題、参考となる動画のリンク先や教科書のページをワークシートにまとめて示すことで、非同期でも自分で考えながら1時間の学習を進めることができます。

導入［非同期］

ロイロノート・スクールで配付されたワークシートを開き、前時の学習内容と本時の学習範囲を確認します。

前時に提出された生徒の回答を集約し、ワークシートにまとめて提示します。**提出されたものをそのまま共有するのではなく、情報を整理して提示することで、非同期の個人作業でも思考を収束しやすく**なります。

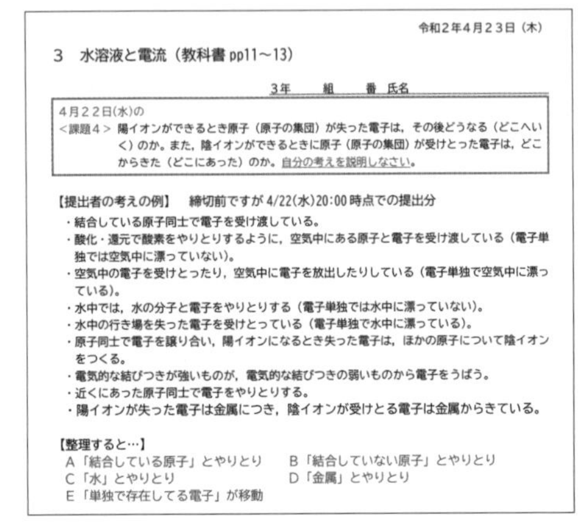

令和2年4月23日（木）

3　水溶液と電流（教科書 pp11～13）

3年　　組　　番 氏名

4月22日(水)の
＜課題4＞ 陽イオンができるとき原子（原子の集団）が失った電子は，その後どうなる（どこへいく）のか。また，陰イオンができるときに原子（原子の集団）が受けとった電子は，どこからきた（どこにあった）のか。自分の考えを説明しなさい。

【提出者の考えの例】　締切前ですが 4/22(水)20:00 時点での提出分

- 結合している原子同士で電子を受け渡している。
- 酸化・還元で酸素をやりとりするように，空気中にある原子と電子を受け渡している（電子単独では空気中に漂っていない）。
- 空気中の電子を受けとったり，空気中に電子を放出したりしている（電子単独で空気中に漂っている）。
- 水中では，水の分子と電子をやりとりする（電子単独では水中に漂っていない）。
- 水中の行き場を失った電子を受けとっている（電子単独で水中に漂っている）。
- 原子同士で電子を譲り合い，陽イオンになるとき失った電子は，ほかの原子について陰イオンをつくる。
- 電気的な結びつきが強いものが，電気的な結びつきの弱いものから電子をうばう。
- 近くにあった原子同士で電子をやりとりする。
- 陽イオンが失った電子は金属につき，陰イオンが受けとる電子は金属からきている。

【整理すると…】
A「結合している原子」とやりとり　　B「結合していない原子」とやりとり
C「水」とやりとり　　D「金属」とやりとり
E「単独で存在してる電子」が移動

▲ワークシートの導入部分

展開［非同期］

教科書やリンク先の実験動画を参考に、ワークシートの流れに沿って課題に取り組みます。

直接実験できない部分は、動画を視聴することで代替します。 NHK for School など一般公開されている動画を用いることで、**正確な実験結果を得ることができます。**

画面をタップすれば動画を視聴できるよう、リンクを張ります。

動画を視聴すれば解答できる、簡単な問いを設定しておきます。

一人で学習を進められるよう、教科書の参考ページを明示します。

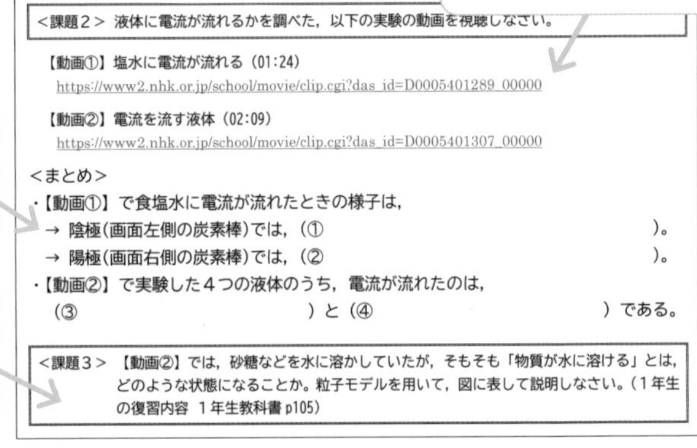

＜課題2＞ 液体に電流が流れるかを調べた，以下の実験の動画を視聴しなさい。

【動画①】塩水に電流が流れる（01:24）
https://www2.nhk.or.jp/school/movie/clip.cgi?das_id=D0005401289_00000

【動画②】電流を流す液体（02:09）
https://www2.nhk.or.jp/school/movie/clip.cgi?das_id=D0005401307_00000

＜まとめ＞
・【動画①】で食塩水に電流が流れたときの様子は，
→ 陰極(画面左側の炭素棒)では，（①　　　　　　　　）。
→ 陽極(画面右側の炭素棒)では，（②　　　　　　　　）。
・【動画②】で実験した４つの液体のうち，電流が流れたのは，
（③　　　　　　）と（④　　　　　　）である。

＜課題3＞ 【動画②】では，砂糖などを水に溶かしていたが，そもそも「物質が水に溶ける」とは，どのような状態になることか。粒子モデルを用いて，図に表して説明しなさい。（1年生の復習内容　1年生教科書 p105）

▲ワークシートの展開部分

終末［非同期］

ワークシートの課題が全て終了したら、ロイロノート・スクールで指定された提出箱に提出します。

提出箱は日付で分けておくことで、生徒の提出状況を一目で確認することができます。また、ネットワーク環境により、授業終了時に提出できない生徒もいるため、**提出期限は余裕をもって設定します。**

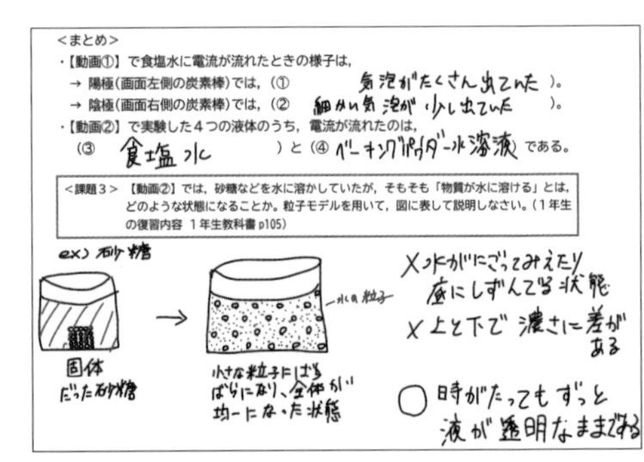

＜まとめ＞
・【動画①】で食塩水に電流が流れたときの様子は，
→ 陽極(画面左側の炭素棒)では，（① 気泡がたくさん出ていた ）。
→ 陰極(画面右側の炭素棒)では，（② 細かい気泡が少し出ていた ）。
・【動画②】で実験した４つの液体のうち，電流が流れたのは，
（③ 食塩水 ）と（④ ベーキングパウダー水溶液）である。

＜課題3＞ 【動画②】では，砂糖などを水に溶かしていたが，そもそも「物質が水に溶ける」とは，どのような状態になることか。粒子モデルを用いて，図に表して説明しなさい。（1年生の復習内容　1年生教科書 p105）

▲提出されたワークシートの例

コラム Vol.4　presented by vice-principal

はじめてのテレワーク

令和２年４月６日、７日に一斉登校を開始し、校内で、オンラインでの始業式と内容と規模を縮小した入学式を行いました。

しかし、近隣で新型コロナウイルス感染症が発生した情報が入り、４月８日から再び一斉休業の措置を執りました。

当校の母体である上越教育大学危機管理対策本部から、職員もできる限り３密を回避した勤務体系をとるようにとの指示がありました。教員は、学校とは朝から夕方（時には夜）まで「その場に集まって勤務する」場所という揺るぎない観念があります。かつての「自宅研修」制度も、経験した職員はわずかです。そこで、当校は次のように段階的にテレワークに移っていきました。

①職員室の定員を半分にして、職員室以外（各教科の準備室等）で勤務を行う分散勤務開始。

②下の表のように、学年所属や教科等を考慮したシフト表を作成し、自宅勤務を開始。時程を次のように設定しました。なお、自宅勤務の職員は、自宅で授業配信をしたり短学活を行ったりしました。

８：１５　Zoom での職員朝会（情報交換、日程確認）

８：４５　Zoom での朝学活（健康観察、日程確認）

＝授業配信、教材準備等＝

１２：００　Zoom での昼学活（午後の日程確認など）

＝授業配信、教材準備等＝

１５：３０　Zoom での終学活（翌日の連絡など）

１６：００　Zoom での職員終礼

コロナウイルス感染症対策／附属中学校勤務シフト計画表

凡例：○…出勤，空白…在宅勤務，専…職務専念義務免除（非常勤職員の方の自宅待機）

月日		4月									5月							
名前等		22	23	24	25	26	27	28	29	30	1	2	3	4	5	6	7	8
		水	木	金	土	日	月	火	水	木	金	土	日	月	火	水	木	金
		教材配付	研究会議				研究委員会		昭和の日	研究会議			憲法記念日	みどりの日	こどもの日	振替休日	学校再開	
副校長	危機管理対策委員	○	○	○			○	○		○	○						○	○
教頭	理科	○	○	○			○	○		○	○						○	○
教務	理科	○		○				○			○						○	○
1主	家庭	○		○													○	○
1-1	英語	○								○							○	○
1-2	研究委員　国語	○	○				○										○	○
1-3	社会	○						○									○	○
1副	養護教諭　保体	○									○						○	○
2主	研究委員　音楽	○	○	○			○										○	○
2-1	保体	○		○							○						○	○
2-2	英語	○								○							○	○
2-3	美術	○						○									○	○
2副	理科	○						○									○	○
2副	公認心理師	○															○	○
3主	数学	○		○													○	○
3-1	研究委員　社会	○	○				○										○	○
3-2	数学	○									○						○	○
3-3	国語	○						○									○	○
3副	研究主任　技術	○	○				○			○							○	○

生徒も職員も ICT 機器を活用することで、台風や大雪などの天災の際も、しなやかに対応できることを確かめることができました。

■テレワーク推進のための取組
（国立大学法人上越教育大学附属中学校(新潟県)／大阪府大阪市立水都国際中学校・高等学校）

●テレビ会議システムを利用して、職員間の朝礼、終礼等を開催。テレワークにより、職員間による情報交換や連絡の場が減少する中、テレビ会議システムを利用して職員の交流の場を確保。
（国立大学法人上越教育大学附属中学校（新潟県））

●教職員専用のウェブサイトを開設し、オンラインによる指導を進める上で必要となる情報を共有。
（大阪府大阪市立水都国際中学校・高等学校）

文部科学省「小中高等学校における ICT を活用した学習の取組事例について」で紹介されました。

https://www.mext.go.jp/content/20200527-mxt_kouhou01-000004520_4.pdf

ONLINE **音楽科**

みんなで目指そう！響く歌声！

響く歌声にするために意識することをつかみ、実践を通して自分の声の変化や自分の出せる声の音域に関心を向けます。全同期で行う授業の中で、アドバイスを受けながら、思い切り声を出して表現活動を行うことを大切にします。

導入［同期］

大きな声を出してもよい空間を確保します。教師の指示を聞きながら、響く歌声を目指し、**よい姿勢や口の形、のどを開けるための具体的な方法を試し、声が響くときの身体の使い方を探ります。**

〜のどを開けるための具体的な方法〜
- のどの奥に冷たい風を感じるように吸う。
- 握り拳をつくり、口の中に入れるようにして息を吸ってみる。　など

自分の声の変化をよく聴きながらやってみましょう。よい姿勢は保ちますよ。
タブレット端末の位置は、自分の顔の高さになるように置きましょう。

展開［同期］

ブレイクアウトルーム機能によって同じグループになった仲間と、互いに発声を聴き合います。聴いて感じたことを口頭または、チャット機能で伝えます。**喉を開けて深く息を吸い、お腹から頭の上を抜けて遠くへ弧を描くように声が届いていくイメージをもちます。**

▼ブレイクアウトルーム機能で小グループになった生徒

同期

生徒のグループに教師も加わりアドバイスを伝えます。

仲間の表情を見ながら取り組み、すぐにアドバイスできるのが、同期で行うメリットです。

終末［同期］

ロイロノート・スクールで送信したワークシートを基に、自分が出せる歌声の音域を調べます。

教師がピアノで出す音の高さに合わせて発声し、響く声であれば、シートに示されている音符に色を塗り、ロイロノート・スクールの提出箱に提出します。

今日の音楽では自分の声がどれだけ出るかを調べました。高い声は全然出ませんでした。逆に低い声が前より出せるようになった気がしました。この発見はとても嬉しかったです。次またやる時の結果も楽しみです。

▲生徒の感想

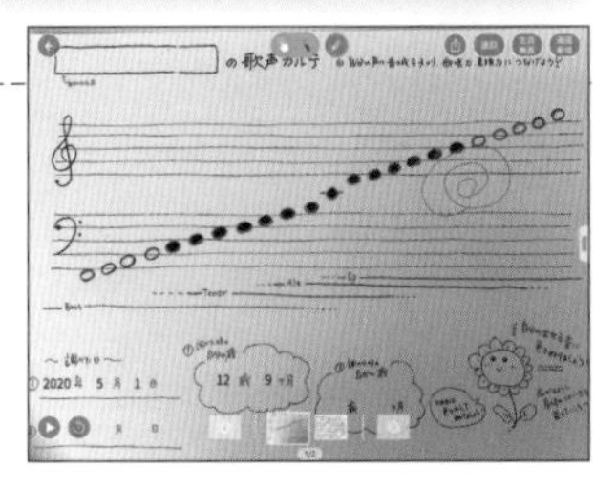

▲音域を調べたワークシート

響く歌声になる身体の使い方を常に意識させることが大切です。また、自分の出せる音域を調べることは、自分の声に関心をもつきっかけになります。

ONLINE

保健体育科 体育分野

FUZOKU TRAINING CHANNEL 実践編

限られたスペースでも実践できる運動に取り組みます。授業の前に、あらかじめ配信された動画コンテンツを各自で確認し、ポイントを理解しておきます。全同期型で行い、仲間と一緒に活動するという空間を大切にします。

授業前 [非同期]

授業の前に、Google Classroom に配信された動画（FUZOKU TRAINING CHANNEL）を視聴し、**活動内容とトレーニングのポイントを確認**します。運動ができるスペースを確保した後、Zoom を起動して待機します。

動画は、体育科の職員だけでなく、他教科の職員も参加し、作り上げました。

配信する動画には、教師が模範を示している動画だけではなく、重要なポイントをテロップで表示したり、雰囲気を盛り上げる音楽をつけたりします。**ポイントが示されていると、正しい方法で運動をしようとする意識につながり、体力や筋力の向上が一層期待できます。**

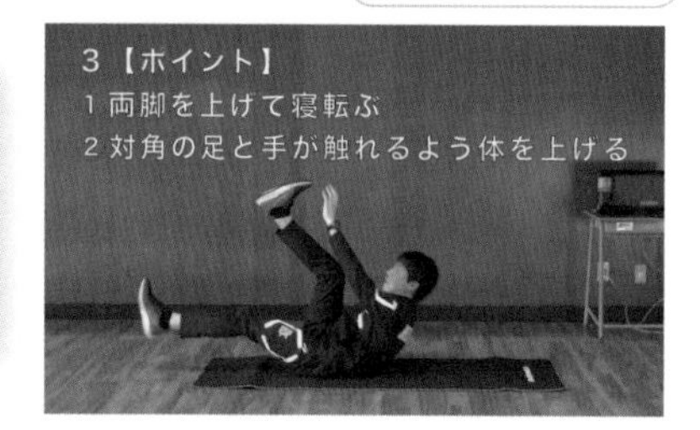

授業 [同期]

配信された動画のトレーニングを基にした授業に取り組みます。後半は、画面をギャラリービューに切り替えて、動きやタイミングを揃えたダンスに挑戦します。

※ギャラリービュー：参加者の画面を一覧表示にすること

最初は、教師の手本を参考にして進めます。

ブレイクアウトルーム機能を用い、グループに分かれて教え合いながらトレーニングに取り組むことも効果的です。その際は、相手を直接確認することができないため、ポイントとなる部分がしっかりと映るようにカメラの位置を設定することが大切です。ダンスについては、休校期間中でも**仲間とつながりながら、一緒に体を動かすことで、体育の楽しさを再発見**することを目指して行いました。

授業後 [非同期]

活動終了後は、教師から示された視点に沿って振り返りを記入し、ロイロノート・スクールの提出箱に提出します。

授業の様子から臨機応変に振り返りの視点を設定することで、自分の言葉でポイントや感じたことを表現しやすくなります。 今回の実践では、体の使い方や動かし方などの「自己の運動観察」や、仲間とのつながりや関わりといった「オンライン授業を受けて」などを視点にしました。振り返りには、アンダーラインやコメントを書き入れて返却して、生徒と教師のつながりも大切にします。

とっても楽しかったです！みんなと繋がっていると思うと家なのに学校っぽくて素敵だと思いました。◎
家でも運動をしているのでこれからも続けたいと思います。また、学校が始まった時にみんなで活動できるのを楽しみにしています。◎
仲間と一緒に活動することの嬉しさや喜びを感じますね。次回もつながりながら楽しんで授業に取り組みましょう!!

▲【生徒の感想】振り返りの視点
初めてのオンライン体育授業を受けて

コラム Vol.5　presented by vice-principal

一斉休校中の「学びを止めるな」プロジェクト誕生秘話

オンライン授業で公開した職員自作授業動画

令和２年2月２７日（木）

毎週木曜日の放課後は、研究会議の日です。首相による「新型コロナウイルス感染拡大防止による臨時休校」の要請があった２月２７日も木曜日でした。研究について協議している中、いち早く情報をキャッチした職員の「えっ！」という声が響きました。「首相が、全国の学校に来週から一斉休校を要請したようです。」との追加情報に、研究会議は騒然となりました。

しかし、教職員が一堂に集まっていた中でこの情報をキャッチしたことが、その後の迅速な対応につながったのです。

～　「学びを止めるな」プロジェクトの立ち上げ　～

すぐに研究会議を中断し、緊急の企画委員会を設定し、当校は要請どおり３月２日から臨時の一斉休校の措置を執りました。まず、一斉休校による懸念材料を予想し、次の六つに整理しました。

・感染症への不安　・友達に会えない不安　・生活、学習習慣の乱れ
・今後への不安　・外出禁止による運動不足　・学習の遅れへの不安

そこで、上記の懸念材料の軽減のために、ＩＣＴ機器を利用することを決めました。

「何ができる？」ＡＤＥ（Apple Distinguished Educator）であるＩＣＴ教育主任に白羽の矢が立ちました。「待っていました。」とばかり、主任は次の手立てを提案します。

・毎日、定時に Google Classroom を通じて連絡・指示を行う
・Zoom（ビデオ会議システム）による、オンライン学級活動の設定
・iTunes U（講義アプリ）による授業クリップ配信、課題の配付、成果物の提出
・ロイロノート・スクールによる振り返り活動の充実

ここで、一つ問題が浮き上がります。ほとんどの生徒や教職員が Zoom を使ったことがなかったことはもちろん、生徒の端末にビデオ会議アプリ「Zoom」がインストールされていなかったのです。しかし、ここでも主任は動じず、「明日１日あれば、インストールと使い方の指導はなんとかなります。」との見解でした。実際、翌日の２月２８日（金）の１日間で、インストールと生徒への指導、我々教職員へのレクチャーをやってのけたのです。

次の課題は、以上の手立てを「どのような時間枠で実施するか」です。すかさず、教務主任が「時間割を作ってみます。」との返答。あっという間に以下の時程基本案を作成し、提案しました。

８：４５～９：００　学級活動（健康観察、その日の課題の確認、連絡）
９：００～　１限
１０：００～　２限 ※午前は学年ごとに教科を割り振り、主に学習内容の習得に重点を置いた活動
１１：００～　３限
１３：００～　探求学習 ※課題解決的な活動を仕組むことで主に探求的な活動に重点を置いた活動

このようにして、一斉休校を迎えることになります。休校１日目は、生徒に対して動作確認や、オンライン授業についての説明や連絡等を行うにとどめ、教員は授業クリップの撮影や授業の課題づくりに集中しました。

Chapter 3

ICT環境の「運用」と「管理」

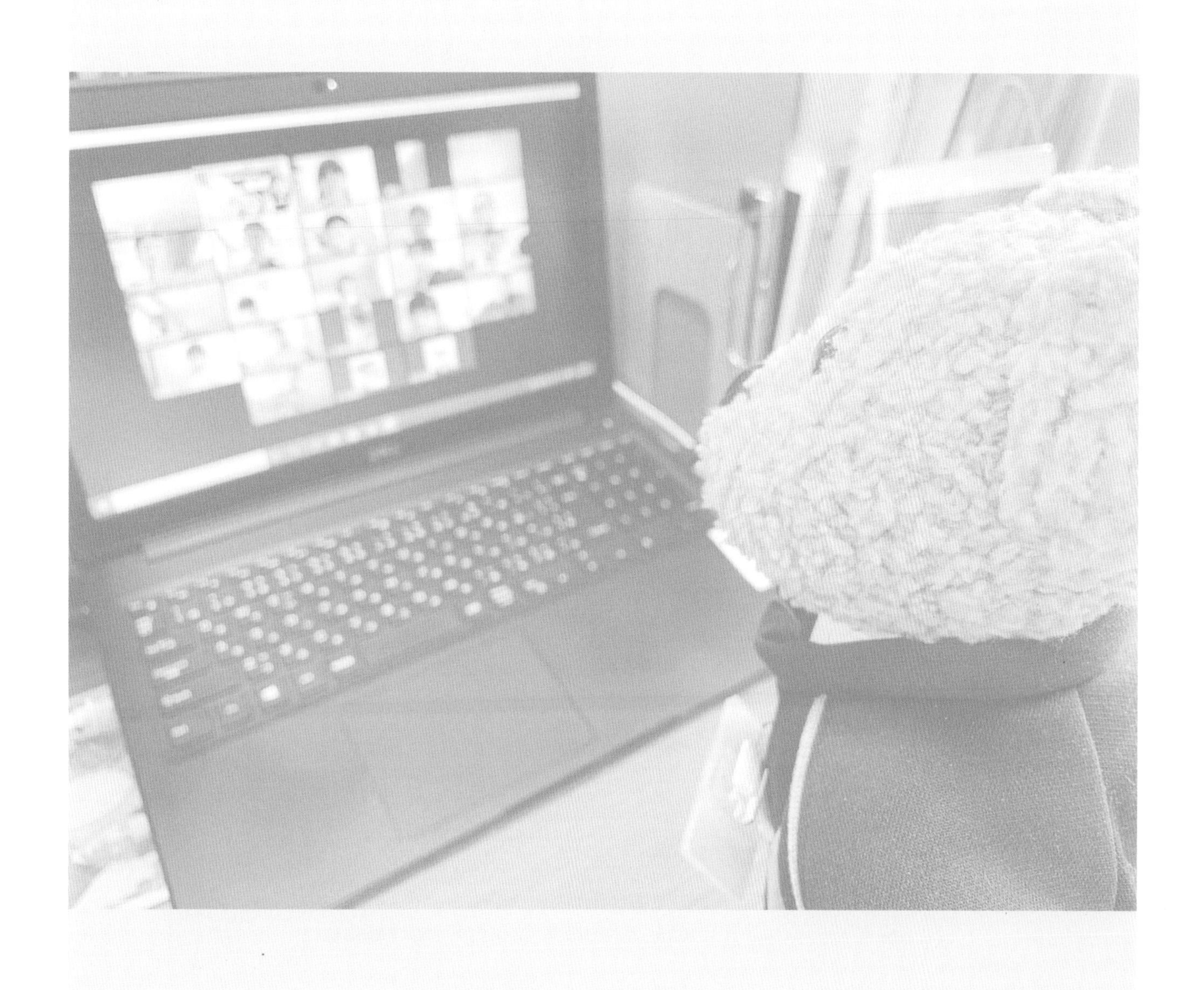

【図解】これが上教大附属中の学習用ICT環境イメージだ！

上越教育大学附属中学校では、2012年から総務省「フューチャースクール推進事業」及び文部科学省「学びのイノベーション事業」実証校として、生徒一人1台タブレット端末を活用した学習をスタートしました。その後、2016年には、保護者が購入した個人持ちのタブレット端末を学校に持参するBYOD（Bring Your Own Device）の環境を整えました。それから5年間、実際に端末を使用する生徒の意見を参考に、模索しながら現在のＩＣＴ環境（下図参照）を構築し、運用しています。

教室だけでなく校内の至る所に配置されたWi-Fiのアクセスポイントを経由して、生徒たちは高速ネットワークに接続することができ、各種クラウドサービスを活用することが可能となります。そのため、端末の仕様や保存容量を気にすることなく、授業や特別活動などで記録・保存したデータを蓄積・活用しています。もちろん家庭においてもクラウドサービスにアクセスすることができるため、Wi-Fi環境下であれば、いつでもどこでも情報や保存データを有効に活用することができます。

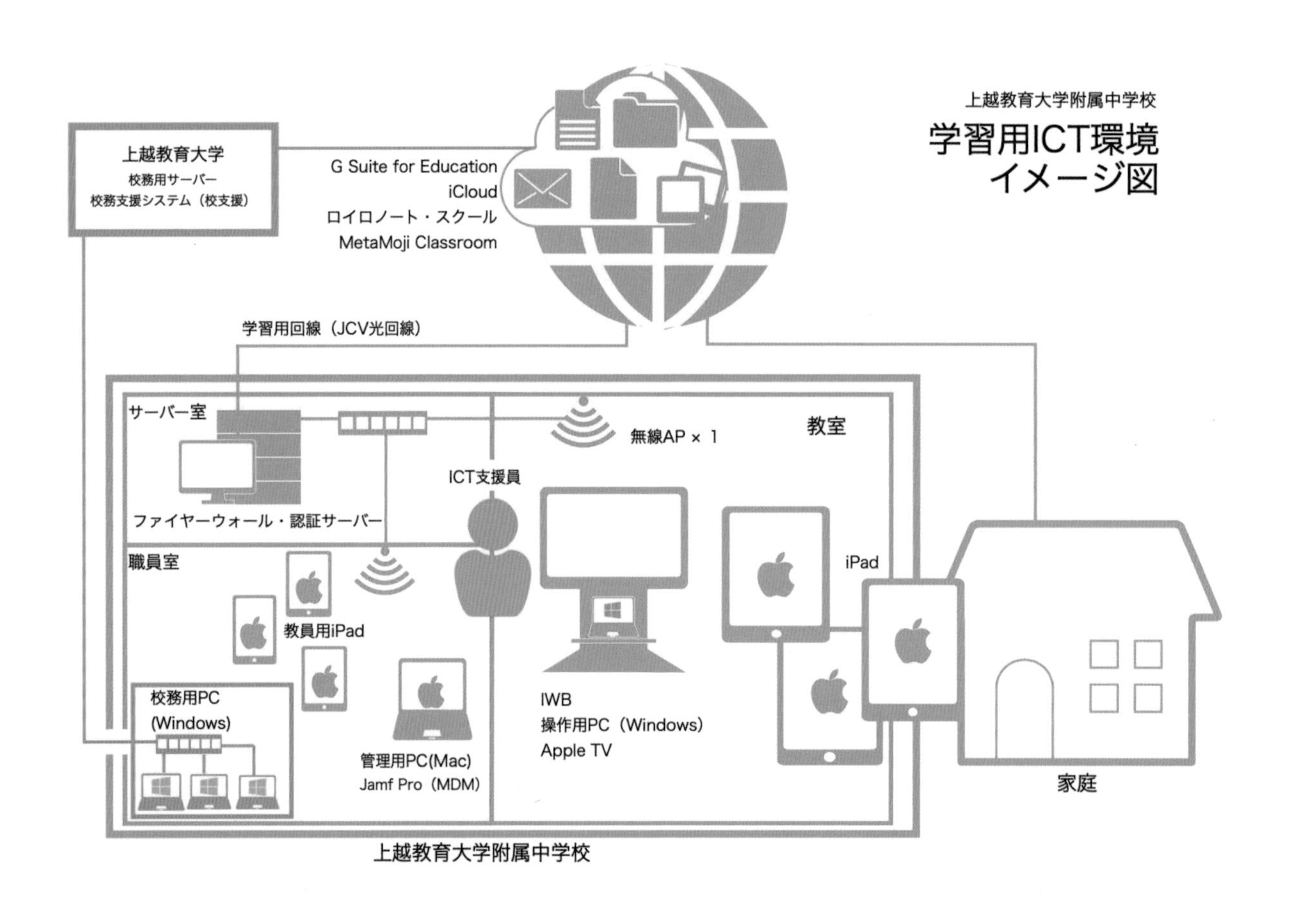

※成績等、生徒の個人情報を扱う校務用サーバー及び校務用PCについては、SINETを使用している。

校内に常設されている ICT 環境の例

普通教室には、IWB（インタラクティブ・ホワイト・ボード）と Apple TV が常設（３学年×３クラス＝９台）されており、必要に応じて教師も生徒も Wi-Fi 経由で、個人の端末から必要な情報を瞬時に投影して全員に見せることができます。

理科室など特別教室や体育館には、プロジェクターや小さいサイズの IWB と Apple TV が常設されており、普通教室と同じように活用しています。生徒は iPad の他に、MacBook や Windows、Chromebook 等のノート型 PC も使用可能です。

▲インタラクティブ・ホワイト・ボード

▲ Apple TV

▲各種ノート型ＰＣ

▲インクジェットプリンター

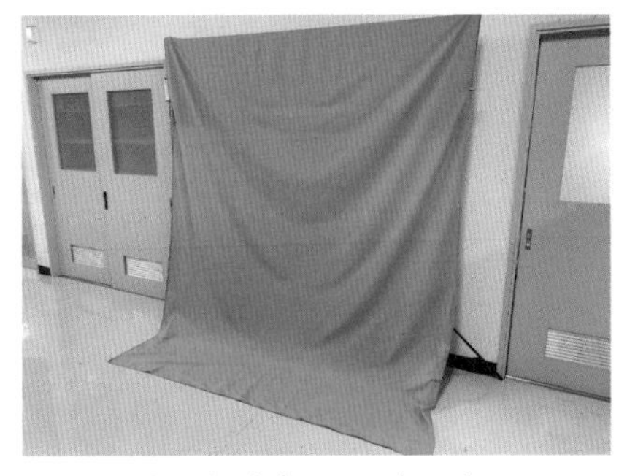

▲撮影用背景布（グリーンバック）

▲３Ｄプリンターと LEGO マインドストーム

その他に、廊下には生徒がいつでも使用することができるインクジェットプリンターや撮影用背景布（グリーンバック）が常設されており、必要に応じて、授業中や休み時間に自由に使用することができます。

また、技術室には３Ｄプリンターや LEGO マインドストームが準備されており、技術・家庭科技術分野の授業だけでなく、他の教科の授業や部活動でも、生徒が活用することができます。

これらの生徒や教師が使える ICT 環境は、鍵のかかる部屋にしまっておくのではなく、生徒や教師が「使いたい！」と思った瞬間に、すぐに使用することができるよう、教室内や廊下に常設しておくことが大切です。

一人１台端末の活用では、高速ネットワークに接続してクラウド環境にアクセスできるだけでなく、端末の機能を支える周辺環境が日常化することで、生徒の様々な活動が充実していきます。

ICT 支援員さんの 1 日

【モデル】
1 学級 35 人× 3 学級
全校生徒数 321 人
職員数 39 人の場合

支援員さんの 1 日を追ってみよう！

ICT 支援員さんがいてくださるおかげで、教員は授業に専念できます。では、支援員さんはどんな毎日を過ごしているのでしょうか !? 一例として、支援員さんの仕事内容を、1 日の流れに当てはめてみました。

スピーカー内蔵マイク
講師用 iPad
職員用インクジェットプリンター
職員室共有パソコン
支援員さんの座席
貸出用 iPad
充電保管庫
貸出用備品
貸出用ノートパソコン
ICT 支援員専用 PHS

システム管理関係ファイル
管理用 MacBook
校務用 Windows 機
貸出用 iPad

▲▼ ICT 支援員さんの仕事机の周りには、管理用パソコンや予備の iPad、連絡用の PHS、プリンターなどが手に届く範囲にあります。

ICT 支援員さんの席は、**職員室の入口近**くにあります。**先生や生徒の SOS に素早く対応**するためです。

出勤してまず行うことは、**管理用のメール**を開き、内容を確認することです。メールの内容次第で、すぐに教頭先生や ICT 担当職員に伝え、対応を協議します。

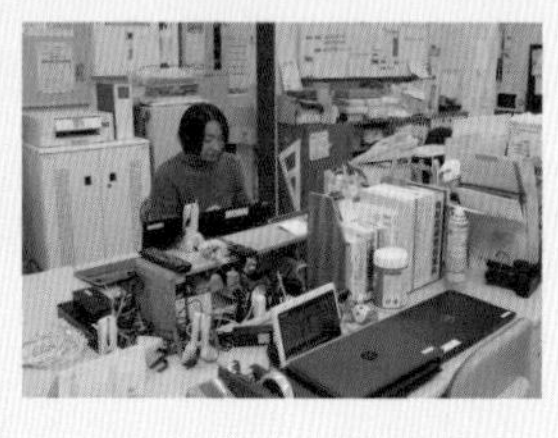

授業中

出勤 **8：15**

ICT 支援員さんも、ICT 活用場面のサポートとして、時々授業に入っています。

支援員さんもブレイクタイム

おいしい給食を召し上がれ！

ICT支援員さんに修理のお願いがあって来ました

iPad を忘れた生徒は、基本的に使用する授業の直前に **ICT 支援員さんから借りる**ことになっています。とりわけ iPad を忘れた生徒の対応として、多い時間帯が朝です。

自分の iPad ならアプリはいつもログイン状態ですが、貸出用の iPad は当然 ID を入力するところから始めなければなりません。そのため、**ID も一緒に伝えて iPad を貸し出し**ていることがあります。単純に、自分の ID やパスコードが分からなくなったと、聞きに来る生徒も時々います。

なお、貸出用 iPad は、**貸出名簿に記録**をし、授業が終わったら返却します。ただし、ほとんどの授業で iPad を使用しているため、実際には、多くの生徒はその日の授業が全て終わったら返却しています。

朝は、先生方からその日や翌日に使用したい**新しいアプリのインストール**を、依頼されることもあります。そのような場合は、**管理用のパソコンを使用**して、担当の先生の iPad も含め、授業で使用する当該学年の **iPad 全てにアプリを一斉に送信**します。授業中に生徒が自分でアプリをインストールするという作業は発生しないため、確実に生徒全員の iPad にアプリがインストールされます。同じように、**アプリのアップデートや使用制限の解除**も支援員さんの管理用パソコンから**一斉に送信**することが可能です。

バッテリー切れもよくあるため、**充電用のモバイルバッテリーを持参**してくる生徒もいます。

場合によっては、iPad だけでなく、AC アダプターも貸し出します。

授業中で多いのが、**先生方のSOSに対する対応**です。例えば、iPadとApple TVがつながらないといったことや、つながってもモニターから音が出ないなどのハード面の不具合に対する調整、修理が多いです。先生方から**PHSなどで連絡がきて対応**しますが、簡単には直せそうにない場合は、予備のものと入れ替えるなど、的確な対応で授業は止まることがありません。

また、授業で機材が必要であれば、準備をお願いします。ビデオカメラやプロジェクターなど、使い方はもちろんですが、**機材の保管場所も熟知**されています。そのため、行事があるときは、次年度の記録用やオンライン配信用として、ビデオカメラやiPadでの動画撮影をお願いしています。

授業中であれば、当然授業している先生は職員室にいないため、**先生方の校務用パソコンの不具合なども対応**します。

毎週金曜日の午後は、**おたよりをデジタル配信**する作業があります。終学活で学級担任の先生が、おたよりの内容にも触れながら連絡できるよう、終学活より前に配信しています。

また、おたよりが配信されたことをお伝えする**「お知らせメール」も、一斉に保護者へ配信**します。

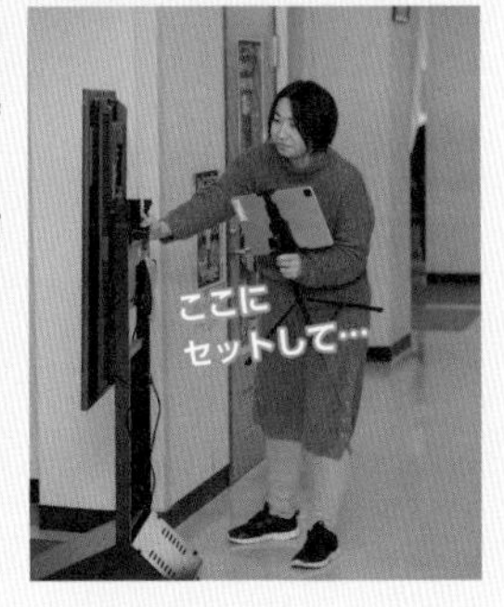

支援員さんがいないと学校はとっても大変かも

パソコン教室のように、同じ場所に全ての端末があり、生徒全員が同じ環境で使用するという制限が、タブレット端末の場合はありません。しかし、その分、管理や不具合、破損の対応も大変です。さらに、学校の規模が大きくなればなるほど、担当職員の負担も大きくなります。

このような負担を軽減し、より専門的な見地から助言をいただけるICT支援員さんは、私たちにとって大きな存在です。

明日もよろしくお願いします!

昼休み

授業中

放課後

17:15 退勤

使用していない時間帯をねらって、**生徒はiPadの使い方や不具合、故障、破損の相談**に来ます。ICT支援員さんは、できる限り対応しますが、対応に限界がある場合には、専門業者へ修理を依頼します。

授業前の休み時間や昼休みに、先生方から授業資料の配信をお願いされることもあります。

離れた所に校舎のある小学校から連絡をもらい、管理用パソコンを使用して、遠隔操作でアプリの追加なども行います。

放課後も、端末の不具合や返却などで、生徒や先生方の対応に当たりますが、それらがないときには、**学校のホームページの更新作業や授業で使用する機材の確認・点検、貸出用iPadの設定作業**などをしています。また、行事があったときには、Google Classroomへ**撮影した動画をアップ**してくださいます。

ICT支援員さんの**管理用パソコンは、生徒の使用状況も確認**できるため、学校のルールを逸脱するような使い方をしている生徒も見付けてくれます。そのような場合は、状態を確認して教頭先生や生徒指導主事と一緒に対応を協議します。また、結果的に**使い方に問題がある生徒の端末を遠隔管理して、管理用パソコンから端末の使用を制限**することもできます。

放課後は、先生方も比較的に余裕のある時間帯であるため、**ICT支援員さんにアプリの使い方や保存方法を教わったり、授業内容に適したアプリがないか相談したりする**姿が見られます。先生方が知らない知識や情報が豊富なため、端末やアプリについて適切な情報の提供をし、授業づくりについて重要なアドバイスをすることができます。

ICT支援員さんの仕事をまとめると…

教師への授業支援

- 授業準備、授業中の支援
- IWB（インタラクティブ・ホワイトボード）の調整
- Apple TVの調整
- 授業で使用する機器（DVDプレーヤー等）の準備
- Google Classroomへの資料配信
- デジタル教科書インストール作業
- 先生方の困ったことへの対応　など

生徒への対応

- 端末忘れ等への貸出
- パスコード、パスワード忘れへの対応
- 端末設定変更（AirDrop解除等）
- 故障端末の確認、修理手配
- 使用方法、マナーについての助言
- アプリの操作支援
- 生徒の困ったこと対応　など

その他

- 授業用アプリ配信
- 学校HP更新
- おたより配信準備、配信
- お知らせメール配信準備、配信
- 校務支援システム設定
- 貸出端末設定
- 各種クラウドサービスアカウント発行
- 各種行事動画撮影と配信
- 修理完了端末のMDM登録、設定
- 視察訪問対応、ICT問い合わせ対応
- ネットワークやシステム関係の調整
- iPad説明会、iPad講習会の指導支援
- 教育実習生へのICT活用支援　など

支援員さんのおかげです

当校の教育活動にICT機器を根付かせることができたのは、ICT支援員さんの存在が欠かせません。私たち教職員だけでなく、生徒も保護者も、ICT支援員さんを信頼しています。

当校がフューチャースクール推進事業に取り組み、校内のWi-Fi環境を構築する2012年から、支援員さんは、上越教育大学附属中学校のICT環境を力強く支えています。ありがたいことに、現在は毎日常駐職員として勤務しています。

支援員さんの日常のサポートの内容を簡単に紹介します。

・自宅に端末を忘れたり、充電をし忘れたりした生徒への予備端末の貸し出し
・端末や校内のネットワーク環境の不具合への対応
・学校サーバーの監視
・生徒のインターネットへのアクセス状況の把握
・iOSやアプリのアップデート
・学年だより、学校だよりなど保護者宛て文書の配信
・学校ポータルサイトの管理

オンラインによる全校集会の段取り

このほかに、業者との打合せや視察者への対応、校内でオンラインによる会議を行う際の事前準備などがあります。とりわけ、今年度の一斉休業におけるオンライン授業、健康観察等に向けた段取りの迅速さと確実さには、皆、舌を巻いています。

業務はネットワークやICT機器の保守、管理だけではありません。授業者からの「授業でこのようにしたい。」「もう少し○○だとよいんだけど。」という相談に対し、より効果的なアプリの使い方や機能を紹介してくれます。このように、校内ネットワークのシステムを知り尽くすだけでなく、授業構想にまで助言をもらえることは大変ありがたいことです。「先行事例が少ないので、やってみることが大切ですね。」と支援員さんは言います。イノベーションを推進するICT支援員さんは、当校のICT教育の大黒柱です。

オンライン授業の打合せ
（右：ICT支援員）

おわりに

昭和の終わり昭和 63 年（1988 年）。初めてコンピュータを導入した当初から、当校ではコンピュータを思考、表現、創作などの知的な活動を支援する「道具」、すなわち「知的な活動のための道具」と考えていました。当時、学習ドリルソフトを用いて基礎学力の定着にコンピュータを活用する学校が多く見られた中、当校では、様々な統計資料を並べ替え、グラフ化して課題を追究する社会科、金星の動きをシミュレーションして規則性を見いだす理科、作曲ソフトを使い創作曲をつくる音楽科、パソコン通信を使って交流する英語科等、課題を追究する学習の道具として、コンピュータを活用しようと実践を積み重ねていました。

その後、総務省「フューチャースクール推進事業」等の実証校として、生徒が一人１台のタブレット端末を学校生活で活用した平成の時を経て、30 年以上たった令和の現在。当校の生徒は、本書で示したように学校生活だけでなく朝起きてから寝るまでの間、様々な場面で「知的な活動のための道具」＝「文房具」として一人１台の iPad を上手に活用しています。

授業においても、よりリアルに再現できるシミュレーションアプリや作曲アプリの利用、クラウド上の膨大なデータの検索と分析等、コンピュータ導入当初に期待していた活用はもちろん、オンライン会議アプリを用いた遠く離れた場所にいる生徒同士の顔を合わせた交流、映像や音楽を駆使した動画番組による追究結果の発表等、課題追究のための道具として、当初の想像を大きく超えた活用が生徒自身の考えによってなされています。

新聞で確認していた天気予報がコンピュータ、スマートフォンでの検索に変わった現在。時刻表で調べていた電車時刻の確認だけでなく、電車予約から乗車までもがスマートフォン１台でできる現在。iPad、スマートフォン等のタブレット端末は、私たちが生活を送る上で、鉛筆やノート以上に手放すことのできない必須の道具となっています。社会のあらゆる場所で ICT の活用が日常のものとなっている今だからこそ、先の見通せない社会を生き抜く力を育み、生徒の可能性を広げる場所である学校は、ICT をあらゆる場面で積極的に活用していく必要があるのです。

GIGA スクール構想により児童生徒一人に１台の端末の活用が始まった今、30 年以上にわたりコンピュータやタブレット端末を「知的な活動のための道具」と位置付け、活用してきた当校の実践が、皆さんの学校の ICT 活用において何らかのお役に立つことができれば幸いです。是非、御一読いただき、御意見、御感想をお寄せください。

最後に、生徒一人に１台のタブレット端末を導入した当初から ICT 機器やネットワーク環境の見守り、授業づくりの支援を一手に担っていただいた ICT 支援員の齋藤綾花様に敬意を表するとともに、深く感謝申し上げます。また、一人１台の iPad 導入に尽力された長谷川泰山元副校長、「Apple Distinguished School」認定を推進された鈴木克典前副校長、そして、導入時から校内の中心となって iPad 活用を推進された寺田寛前教諭をはじめ、「知的な活動のための道具」として、コンピュータやタブレット端末を有効に活用し、ICT 教育の実績を積み上げてこられた多くの先生方に感謝申し上げます。

さらに、多くの御助言を賜り、本書対談においてもタブレット端末を活用した教育について御指導を賜りました東北大学大学院教授堀田龍也先生、上越教育大学大学院准教授河野麻沙美先生を始め、御指導いただいた多くの先生方に心から御礼申し上げるとともに、本書の出版に当たり、様々な御支援をいただきました東京書籍上田健志様に厚く御礼申し上げます。

上越教育大学附属中学校　副校長

熊木 徹

上越教育大学附属中学校職員

校　　長	山縣	耕太郎	Kotaro Yamagata
副 校 長	熊木	徹	Toru Kumaki
教　　頭	保坂	修	Osamu Hosaka
教務主任	上坂	知大	Tomohiro Kosaka
研究主任	市村	尚史	Takashi Ichimura
	南	幸江	Sachie Minami
	入村	文子	Fumiko Nyumura
	渡辺	元子	Motoko Watanabe
	岩船	尚貴	Naoki Iwafune
	大崎	貢	Mitsugu Osaki
	佐藤	勝久	Katsuhisa Sato
	金子	秀史	Hideshi Kaneko
	猪股	大輔	Daisuke Inomata
	草間	啓	Akira Kusama
	山岸	卓矢	Takuya Yamagishi
	岩下	温美	Atsumi Iwashita
	仙田	健一	Kenichi Senda
	志賀	雄斗	Yuto Shiga
養護教諭	室橋	由貴	Yuki Murohashi
学習支援	竹内	瞳	Hitomi Takeuchi
ICT支援	齋藤	綾花	Ayaka Saito

Special thanks

鈴木	克典	Katsunori Suzuki
内藤	雅代	Masayo Naito
倉又	佳宏	Yoshihiro Kuramata
寺田	寛	Hiroshi Terada
岩野	学	Manabu Iwano

Special support　ふぞくま　Fuzokuma

■監修者

堀田　龍也　東京学芸大学卒業。東京工業大学大学院で博士（工学）取得。東京都公立小学校教諭、富山大学教育学部助教授、静岡大学情報学部助教授、メディア教育開発センター准教授、玉川大学教職大学院教授、文部科学省参与等を経て、現在、東北大学大学院情報科学研究科教授，人間社会情報科学専攻専攻長。中央教育審議会委員。文部科学省の教育情報化関連政策で座長を歴任。

■編著

上越教育大学附属中学校

【表紙、本文デザイン】
株式会社リーブルテック AD 課

GIGAスクール時代の学校
—自己調整を促し創造性を発揮するICTの活用—
2021年4月20日　第1刷発行

監　修　堀田　龍也
編　著　上越教育大学附属中学校
発行者　千石　雅仁
発行所　東京書籍株式会社
〒114-8524　東京都北区堀船2-17-1
03-5390-7531（営業）／03-5390-7445（編集）
印刷所　株式会社リーブルテック

Printed in Japan
ISBN978-4-487-81439-8 C0037